Rüdiger Hachtmann, Susanne Kitschun, Rejane Herwig (Hrsg.)

1848. Akteure und Schauplätze der Berliner Revolution

AF608618

Reihe revolution revisited

Band 1

Rüdiger Hachtmann, Susanne Kitschun, Rejane Herwig
(Hrsg.)

1848.
Akteure und Schauplätze der Berliner Revolution

Centaurus Verlag & Media UG

Zu den HerausgeberInnen:
Rüdiger Hachtmann, Dr. phil., ist außerplanmäßiger Professor an der TU Berlin und seit 2007 Leiter der Projekts „Das fordistische Jahrhundert" am Zentrum für Zeithistorische Forschung in Potsdam.

Susanne Kitschun, Dr. phil., ist stellv. Vorsitzende der SPD-Fraktion im Berliner Abgeordnetenhaus, dem sie seit 2006 angehört. Sie ist Leiterin des Projekts zur Entwicklung einer nationalen Gedenkstätte Friedhof der Märzgefallenen.

Rejane Herwig ist Studentin der Politikwissenschaft an der FU Berlin und Mitarbeiterin im Projekt zur Entwicklung einer nationalen Gedenkstätte Friedhof der Märzgefallenen.

Bibliografische Informationen der Deutschen Nationalbibliothek
Die Deutsche Nationalbibliothek verzeichnet diese Publikation in der Deutschen Nationalbibliografie; detaillierte bibliografische Daten sind im Internet über http://dnb.d-nb.de abrufbar.

ISBN 978-3-86226-219-9 ISBN 978-3-86226-847-4 (eBook)
DOI 10.1007/978-3-86226-847-4

ISSN 2197-2877

Gedruckt auf säurefreiem und chlorfrei gebleichtem Papier.

Alle Rechte, insbesondere das Recht der Vervielfältigung und Verbreitung sowie der Übersetzung, vorbehalten. Kein Teil des Werkes darf in irgendeiner Form (durch Fotokopie, Mikrofilm oder ein anderes Verfahren) ohne schriftliche Genehmigung des Verlages reproduziert oder unter Verwendung elektronischer Systeme verarbeitet, vervielfältigt oder verbreitet werden.

© Centaurus Verlag & Media KG, Freiburg 2013
www.centaurus-verlag.de

Umschlaggestaltung: Jasmin Morgenthaler, Visuelle Kommunikation
Umschlagabbildung: bpk / Kunstbibliothek, SMB / Knud Petersen
Satz: Vorlage der HerausgeberInnen

Inhaltsverzeichnis

Einleitung

Auf dem Friedhof der Märzgefallenen im Friedrichshain sind die Meisten der Berliner bestattet, die am 18. und 19. März 1848 während der Barrikadenkämpfe getötet wurden. Die Revolution allerdings kannte viele Schauplätze, nicht nur in Berlin, sondern an allen europäischen Brennpunkten des Jahres 1848. An ihrem Anfang standen Volksversammlungen, auf denen die Märzforderungen heiß diskutiert wurden, in Berlin in den Tagen vor dem 18. März im Tiergarten, d. h. vor den damaligen Stadtgrenzen, von der Obrigkeit misstrauisch beäugt. Mit der Pariser Februarrevolution sowie den Wiener und Berliner Märzrevolutionen wurde die Barrikade dann für mehrere Monate geradezu zum Symbol des erfolgreichen Sturmlaufes für Freiheit, Demokratie und soziale Rechte auf dem europäischen Kontinent.

Mit den Kämpfen auf den Barrikaden und in den Straßen in Paris, Wien und Berlin entschied sich der (wie sich schon bald zeigen sollte: vorläufige) Sieg der Revolution auf dem Kontinent. Nach den Märzrevolutionen wurden die Straßen und Plätze zu politisierten Räumen, in denen „das Volk" die neuen Freiheiten genoss und rund um die Uhr die aktuellen Ereignisse lautstark und oft kontrovers diskutierte. Zu zentralen politischen Foren wuchsen die politischen Vereine heran. Sie waren als Frühformen der heutigen Parteien-Parlamente im Kleinen, in denen die Tagesfragen heftigst diskutiert wurden. Ihre Zahl lässt sich kaum überblicken. In Berlin entstanden seit März 1848 mehr als hundertfünfzig Klubs, die sich im Lauf des Frühjahrs den vier großen politischen Strömungen zuordneten: den Demokraten, den Liberalen, den Konservativen, die sich als Massenbewegung erst im Sommer 1848 herauszubilden begannen und in Berlin minoritär blieben, sowie den Sozialisten, die vor allem in der entstehenden Arbeiterbewegung eine wichtige Rolle spielten, dem revolutionären Geschehen in der preußischen Hauptstadt allerdings noch nicht so stark den Stempel aufdrücken konnten wie etwa in Paris.

Schließlich die Parlamente. Eines der wichtigsten Parlamente, die Preußische Nationalversammlung, nach der Deutschen Nationalversammlung in der Frankfurter Paulskirche das einflussreichste Parlament im deutschen Raum, nahm ab Mai 1848 in Berlin seinen Sitz.

In keiner anderen deutschen Stadt – und in Europa nur Paris und Wien vergleichbar – zeigten die verschiedenen Facetten der Revolution so markante Konturen wie in Berlin. Im vorliegenden Band sind vier Aufsätze versammelt, die Schlaglichter auf zentrale Aspekte der Revolution selbst, sowie auf die durch das „Tolle Jahr" 1848 angestoßenen Traditionen werfen. Rüdiger Hachtmann zeigt, dass die Revolution in starkem Maße Züge einer Jugendrebellion trug. Nicht erst „1968“ betrat die Jugend die politischen Bühnen außerhalb der Parlamente. Weniger in den Unterschichten, wo die generationellen Unterschiede nicht so ausgeprägt waren, als vielmehr im Bürgertum trugen die revolutionären Bewegungen von 1848/49 immer auch Züge einer antiautoritären Revolte gegen die etablierte Vätergeneration. Dies zeigt nicht nur der Blick auf den politischen Diskurs. Bereits im äußeren Erscheinungsbild wollten sich die jungen Bürger gezielt von den „Alten“ absetzen.

Manfred Gailus wendet sich in seinem Beitrag einer zentralen sozialen Trägergruppe der Revolution zu, dem einfachen „Volk“, den „Massen“. Die Revolution von 1848 wird gern als „bürgerliche Revolution“ bezeichnet. Dieses Etikett lässt leicht vergessen, dass im Revolutionsjahr auch viele soziale Forderungen aufgestellt wurden – nach auskömmlichen Löhnen, nach sozialer Absicherung im Alter oder Invaliditätsfall oder auch (nach Pariser Vorbild) nach einem „Ministerium für Arbeiter“. Wichtiger noch ist, dass auf den Barrikaden fast ausschließlich Angehörige der Unterschichten standen, die damals noch nicht zum „Proletariat“ oder zur „Arbeiterklasse“ verschmolzen waren. Sie waren es, die auch das Geschehen auf den Straßen dominierten und das Bild der Demonstrationen und Volksversammlungen bestimmten. Darüber hinaus entwickelten sie eine eigene, nicht-bürgerliche Protestkultur, zu der maßgeblich z. B. die „Katzenmusiken“ gehörten, die ältere Rügebräuche aufgriffen und vor allem im Sommer 1848 zahllosen Bürgern die Nachtruhe raubten.

Sylvia Paletschek widmet sich in ihrem Beitrag der Frage der Rolle der Frauen im revolutionären Geschehen. Von „Frauenemanzipation“ zu sprechen, verbietet sich im Rahmen der Entwicklungen und Ereignisse der Jahre 1848 und 1849. Denn alle politischen Strömungen, einschließlich der Demokraten (mit Ausnahme der in Berlin freilich wenigen Sozialisten), waren sich einig, dass das weibliche Geschlecht auf dem ihm zugewiesenen untergeordneten Platz in der Gesellschaft und eben auch in der Politik zu bleiben habe. Paletschek beschränkt sich freilich nicht auf eine Skizze der in Berlin wie anderswo (mit Ausnahme vor allem von Paris) schwachen Frauenbewegung. Sie geht exemplarisch auf eine junge Frau ein, die im Sommer und Herbst 1848 in der preußischen Hauptstadt zu einer Ikone auch der revolutionär gestimmten Männer wurde. Das Spannende an diesem Beitrag ist nun, dass Lucie Lenz (um die es dabei geht) nicht in der Rolle der Revolutionärin aufgeht, wie z. B. Amalie Struve oder eine der anderen, relativ wenigen 1848 exponierten Frauen. Je nachdem, welche Archivalien man heranzieht, entsteht ein völlig anderes Bild von Lucie Lenz. Liest man Paletscheks Darstellung, fühlt man sich an den Film „Rashamon“ (1950) von Akira Kurosawa erinnert. In diesem Film verändert sich eine scheinbar simple Geschichte – der Überfall eines Räubers auf ein durch einen Wald reitendes Paar – völlig, je nachdem, welcher der Akteure (die überfallene Frau, der Räuber, ein heimlicher Zeuge sowie schließlich der überfallene und getötete Mann aus dem Jenseits) die Geschichte erzählt. Der Film zeigt, dass es die Wahrheit nicht gibt, nicht geben kann. Ganz ähnlich lässt sich die Geschichte der Lucie Lenz in sehr unterschiedlichen Varianten erzählen: als Mädchen aus dem einfachen Volk, das unbedingt aufsteigen will, als Heiratsschwindlerin und Hochstaplerin, als Spionin und eben als Revolutionärin.

Nicht nur als Jugendrebellion weist die Revolution von 1848 in vielerlei Hinsicht frappierende Ähnlichkeiten mit „1968“ auf. Ganz ähnlich wie die Achtundsechziger zeigten auch die Achtundvierziger ein starkes Zusammengehörigkeitsgefühl, eine generationelle Identität, die auch über politische Grenzen gehen konnte. Christian Jansen zeigt an Einzelschicksalen prominenter und weniger prominenter Achtundvierziger, dass diese in der „deutschen Gründerzeit“, wie Jansen die zwei Jahrzehnte nach 1849 bezeichnet, zwar sehr unterschiedliche politische Wege einschlugen, als Generation jedoch markant durch die Revolution Mitte des 19. Jahrhunderts geprägt worden waren.

Hervorgegangen ist der vorliegende Band aus der Vortragsreihe „revolution revisited“, die im Zusammenhang mit der Ausstellung „Am Grundstein der Demokratie. Die Revolution 1848 und der Friedhof der Märzgefallenen“ im Berliner Friedrichshain zwischen Februar und Juni 2012 gehalten wurde. Wir danken der Berliner Lotto-Stiftung, dass sie die Finanzierung dieses Aufsatzbandes möglich gemacht hat.

Manfred Gailus
„Pöbelexcesse“ oder Strassenpolitik? Vom großen Protest der „kleinen Leute“ um 1848

Wer machte die Revolution von 1848 in Paris, in Wien, in Berlin – oder wo immer in Europa sich politisch etwas bewegte in diesem „tollen Jahr“? Rüdiger Hachtmann hat im zweiten Beitrag dieses Bandes behauptet: Die Jungen waren es, die Jugend, die 20- bis 30-jährigen vor allem, sie standen, wo immer etwas los war, an der vordersten Front. Das ist sicherlich richtig und eine stets wiederkehrende Tatsache bei allen Revolutionen des 18., 19. und 20. Jahrhunderts, übrigens auch bei den Nazis. Deshalb sei heute noch einmal gefragt: Wer machte eigentlich die Revolution von 1848? – um dabei auf eine andere charakteristische Prägung von Revolutionen abheben. Revolutionen machten und machen von Paris 1789 bis Kairo 2011 die Vielen, die Masse, das Volk, jedenfalls führen sie den entscheidenden Befreiungsschlag. Ohne diese Vielen, die Masse, das Volk war eine größere Revolution schlechterdings nicht zu haben. Als die einhunderttausend auf den Straßen Versammelten Leipziger im Oktober 1989 riefen „Wir sind das Volk“, da musste ein zwar hochgerüstetes, aber ratloses, gelähmtes Regime eben kapitulieren. So oder ähnlich geschah es im März 1848 überall in deutschen Landen von Baden und der Pfalz, im Südwesten bis Hamburg im Norden und Königsberg oder Breslau im Osten: die Vielen, die Massen, das Volk besetzten die Straßen und Plätze und riefen heraus, was sie nicht länger leiden oder dulden wollten, und was sie stattdessen wünschten, begehrten, verlangten. Das war natürlich ein extrem vielstimmiger und keineswegs harmonischer Chor: Freiheit, Gleichheit, Brüderlichkeit umschreibt das allgemeine Volksbegehren in etwa, aber klingt vielleicht doch etwas zu poetisch, zu schön. Historisch gesehen war es ein außerordentlich glücklicher Umstand, dass diese gewaltige Kraftentladung jahreszeitlich exakt mit dem Frühling nach einem langen kalten Winter zusammenfiel.

Die Märzrevolution stößt die Tür auf

Wer waren sie, die Vielen, die Massen, das Volk? Die Liste der Märzgefallenen mag erste Aufschlüsse liefern: *Friedrich Gebhardt, Müllergeselle; Carl Borcharding, Tischlergeselle, Friedrich Christian Hagenhausen, Maschinenbauer; Gottlieb*

Anders, Arbeitsmann; Christian Hoffmann, Weber; Carl Heinrich Gustav Graf, Seidenwirkergeselle.[1] Das soll genügen. Um die neunzig Prozent der Märzgefallenen gehörten den unteren Volksschichten an: junge Handwerksgesellen, Fabrikarbeiter wie der erwähnte Maschinenbauer, verarmte Handwerker wie der Weber Hoffmann, Tagelöhner. Märtyrer, Freiheitshelden: Ob sie für die Demokratie fielen – wir wissen es nicht. Wenn sie „Freiheit" riefen, dachten sie weniger an „Constitution" (Verfassung) – allein schon das fremde Wort zu buchstabieren bereitete den meisten einige Schwierigkeiten. Wenn sie „Freiheit" riefen, meinten sie neben Freiheit von obrigkeitlicher Bedrückung vor allem „Brot", „Arbeit", hinreichendes Einkommen und ein auskömmliches Leben, das auch das freie Bewegen und Versammeln auf den Straßen und, für einige, in den Clubs einschloss, denn alles dies war im vormärzlichen Militär- und Gendarmeriestaat keine Selbstverständlichkeit. Und das unbehelligte Rauchen auf den Straßen musste natürlich auch wieder erlaubt sein!

Nicht Gehrock und Zylinderhut beherrschten das Bild an und auf der Barrikade, sondern die flache Proletariermütze, die leinene Blouse und der Arbeitskittel. Selbst Rudolf Virchow, der junge Arzt und hochbefähigte Forscher, der entschiedene ‚Volksfreund' und Demokrat, kämpfte nicht auf der Barrikade, sondern half ein wenig beim Bauen einiger Barrikaden und beobachtete den eskalierenden Kampf dann doch eher aus gesichertem Abstand. So in etwa muss man seinen Briefbericht an die Eltern vom 19. März 1848 spät abends schon lesen.[2] Das gilt noch viel mehr für den eigentlichen Bourgeois, den vermögenden Großbürger, und natürlich auch für den unvermeidlichen Spießbürger. Heinrich Kochhann, ein wohlhabender Bäckermeister, war zunächst am 18. März auf dem Schlossplatz zugegen und flüchtete dann in einer Droschke nach Hause: „Meine Frau und ich", so berichtet er im Tagebuch, „schauten hinter herabgelassenen Vorhängen durch die Fenster der oberen Wohnung bis in die Nacht hinein dem Treiben unter uns zu, nicht ahnend, dass in nächster Nähe wichtige Ereignisse sich abspielten."[3] Kurz, der etablierte, saturierte Bürger des Biedermeier (Outfit: Gehrock und Zylinder) ging im März 1848 nicht für Verfassung, Demokratie oder gar Republik auf die Barrikaden. Das ist Dichtung. Er warf sein Leben nicht in die Bresche.

Mit der Märzrevolution war die Tür aufgestoßen. Die Vielen, die Massen, das Volk besetzten die Straßen und Plätze der Hauptstadt für einen langen Sommer der

---

1 Ein namentliches „Verzeichniß der an den Märztagen Gefallenen" findet sich in: Autorenkollektiv, Illustrierte Geschichte der deutschen Revolution 1848/49, Berlin 1973, S. 91.

2 Rudolf Virchow am 19. März 1848 an seinen Vater in Schivelbein, in: Rolf Weber (Hg.), Revolutionsbriefe 1848/49, Leipzig 1973, S. 67-74.

3 Heinrich G. Kochhann, Auszüge aus seinen Tagebüchern (Bd. 1-4, hier: Bd. 3), Berlin 1906, S. 80.

Revolution. Diese Inbesitznahme war die Garantie dafür, dass etwas ging in und mit der Revolution. Ging ihr, der Straßenbesetzung, die Luft aus, so machte auch alles Übrige der Revolution über kurz oder lang schlapp. Größere und kleinere Volksversammlungen, Arbeiterdemonstrationen und Streiks (als lärmende Umzüge auf den Straßen), Brot- und Butterrevolten unter starker weiblicher Beteiligung, so genannte „Katzenmusiken“, riesige Revolutionsfeiern und prozessionsähnliche Straßenumzüge – alles dies gehörte zum ganz elementaren Vokabular der Revolution. Man kann von einer vorübergehenden Besetzung der öffentlichen Räume durch das Volk sprechen, der Bühne für eine neuartige Revolutionskultur. Die obrigkeitlich erzwungenen, untertänigen Verhaltensweisen der langen Vormärzzeit verkehrten sich in ihr Gegenteil: selbstbewusste, mit Kokarden geschmückte Citoyens sah man nun auf den Straßen flanieren, Stolz und Respektlosigkeit waren zu sehen, auch Übermut und Aufsässigkeit breiteten sich aus, wo zuvor Gehorsam, Ehrerbietigkeit, Einschüchterung, Subalternität den Ton im öffentlichen Verkehr bestimmten. Nimmt man alle diese Verhaltensweisen, Expressionen, Aktionen zusammen, so hat man die Fieberkurve der Revolution vor Augen: höchstes Revolutionsfieber im März, April und Mai, leicht abfallend im Juni und Juli, im August und September noch einmal etwas ansteigend und dann rasch abfallend mit finalen Abbrüchen des Aufbegehrens eigentlich schon im Herbst und Winter 1848/49.

Volksversammlungen

Volksversammlungen, ein Herzstück der Revolution: Wichtigster Versammlungsort war die vor dem Brandenburger Tor im Tiergarten gelegene Vergnügungsstätte „In den Zelten“. Wenn man so will: die Open-Air-Bühne der Revolution, eine Redetribüne unter freiem Himmel, zugänglich für jedermann, das Parlament der Straßenpolitik. Folgt man zeitgenössischen Abbildungen, so mischten sich hier Zylinder und Mütze, Gehrock und Arbeiterblouse, eigentlich alle Volksschichten waren in buntester Vielfalt vertreten, am Rande auch Glücksspieler, Gaukler, Taschendiebe und ‚Weibspersonen' von zweifelhaftem Ruf. Es sprachen gutsituierte Honoratioren aus dem Bürgertum, zumeist jedoch jüngere revolutionsentflammte ‚Volksfreunde', Studenten, Handwerksmeister und Gesellen, qualifizierte Mechaniker aus den ersten Maschinenfabriken oder Buchdrucker sowie einfache Arbeitsmänner. Die Themen reichten von der großen Politik (Wahlrechtsfrage, Rückberufung des verhassten Prinzen von Preußen, Verfassungsentwurf) über Kommunalpolitisches bis hin zu den unvermeidlichen Brot- und Butterfragen. Ein zweiter Versammlungsort war ein Exerzierplatz weit draußen vor dem Schönhauser Tor, „bei der einsamen Pappel“, im Norden der Stadt. Hier, in der Nähe der ersten Fabriken, ging es spürbar proletarischer zu, die Mützen überwogen ganz entschieden die Zylinder. Arbeitsmann Vogel am 26. März: „Ich rede im Auftrag von 30 brotlosen Arbeitern und verlange Arbeit, kein Militär. [...] Hören Sie, was der Arbeiter täglich braucht. Für 3 Pfennige Kaffee, für 3 Pfennige Brot zum ersten Frühstück, das ist nicht zuviel. Zum zweiten rechne ich für 6 Pfennige Brot, 6 Pfennige Butter und einen Sechser zu Getränken, sei es nun Bier oder Schnaps; denn ganz trocken kann man das Brod doch nicht essen, das werden Sie zugeben. Das Mittagessen ist jetzt, wo Alles theuer ist, und 2 ½ Sgr. nicht herzustellen. Für den Nachmittag schlage ich so viel an wie für das Frühstück, und für das Abendbrot so viel wie für das zweite Frühstück. Das macht zusammen 6 ½ Sgr. täglich. Nun ist es aber noch nicht aus. Wir können doch nicht nackend gehen. Kleider, Stiefel, ein Schnupftuch, ein Hemde sind nothwendig. Ein Paar Strümpfe können, namentlich bei schlechter Witterung – das werden Sie zugeben – nicht schädlich sein. Nun kommt die Wäscherin, das Ausbessern der Kleider und der Wäsche, 4 harte Wintermonate, wovon sollen die gutgemacht werden? Und wäre es der Unverheiratete im Stande, sich durchzuschlagen, wo bleibt der Familienvater? Der kann es nicht bestreiten, den muß der Mangel zu unreellen Handlungen führen.“[4] Auf derselben Versammlung sprach der Kattundrucker Ziegelbein im Namen von 800 arbeitslosen Kollegen. „Brot oder Sterben!“ – mit dieser in Abwandlungen vielfach zu hörenden Parole schloss er seine Ausführungen, die im Wesentlichen auf Abschaffung der Maschinen hinausliefen.

Die Volksversammlungen und genereller die entfesselte, ungehemmte politische Rede unter freiem Himmel brachte neben den jungen, zumeist studierten ‚Volksfreunden’, die den demokratischen Clubs angehörten, auch einen besonderen Typ des populären Demagogen hervor: derbe und teilweise zwielichtige Revolutionsoriginale, wie etwa den Schriftsteller und Redakteur Friedrich Wilhelm Held, den etwas konfus wirkenden Tierarzt Friedrich Ludwig Urban, einen Konditor namens Adolph Friedrich Karbe, im Volksmund „Vater Karbe“, und den Eisenwarenhändler Gustav Müller, genannt „Lindenmüller“, weil er an den belebtesten Straßenecken Unter den Linden sein Hauptquartier hatte und dort eine Art permanenten Straßenclub anführte. Intellektuell anspruchsvolle Beiträge zur politischen Debatte waren von ihnen kaum zu erwarten, aber sie verfügten über Charisma und Anhang bei den Vielen, über ein lautstarkes Redeorgan, volkstümlich-grobe Redeweise, Witz, Schlagfertigkeit. Kurz, sie konnten Massen bewegen, solange Bewegungsfreiheit auf den Straßen herrschte.

4 Adolf Wolff, Berliner Revolutions-Chronik. Darstellung der Berliner Bewegungen im Jahre 1848 nach politischen, socialen und literarischen Beziehungen, Berlin 1851-1854, 3 Bde., hier: Bd. 1, S. 437.

Die großen Volksversammlungen glichen einem dialogischen Wechselspiel zwischen dem „Oben“ der Rednertribüne und dem „Unten“ der riesigen Volksmenge, die häufig 10.000 und mehr Personen umfasste. Viele Berufene und Unberufene wollten reden. Als am 2. April auf der Zelten-Versammlung das Wahlgesetz debattiert wurde und ein Redner namens Rau das Thema „vom theologischen Standpunkte“ beleuchten wollte, brach großer Lärm aus. Man nötigte den Redner, von der Tribüne abzutreten. So ging es manchen, die nicht den richtigen, jetzt herrschenden öffentlichen Ton trafen oder sogar wagten, gegen den jetzt vorherrschenden Revolutionsgeist zu sprechen. In der soeben genannten Versammlung dürfte es wohl der Schlosser Ernst Krause von Borsig gewesen sein, der die Massenstimmung in seiner Rede auf den Punkt brachte: „Ich will, dass jeder majorenne Mann, gleichviel ob Bettler oder Fürst, muß wahlberechtigt werden. Sehen Sie sich die Todtenlisten an, meine Herren! Die Arbeiter haben den Sieg davon getragen. Jetzt will man sie wieder verstoßen. O, ich möchte Thränen weinen! Es ist ja ganz gleich, ob Besitzende oder Nichtbesitzende, sie sind ja alle Menschen.“[5] Laut Versammlungsbericht folgte ein „ungeheures Bravo“. Viele Zuhörer drängten nach vorn zur Tribüne, um dem Redner die Hand zu drücken. Volksversammlungen mündeten in der Regel in Petitionen, die abgestimmt und anschließend als „Volkswille“ durch berufene Überbringer an zuständige Adressen (Ministerien) überbracht wurden.

Katzenmusiken

Natürlich muss hier auch von „Katzenmusiken“ die Rede sein. Als herkömmliche Rügebräuche („Haberfeldtreiben“) hatten sie eine lange Tradition. Dieses brauchtumsmäßige Vokabular wurde aufgegriffen und in die politische Sprache der Revolution eingebracht. Der Mai 1848 war von einem regelrechten „Katzenmusikfieber“ bestimmt. Handlungsdiener straften ihre Chefs ab, wenn die nicht die Ladenschlusszeiten kürzen wollten. Gymnasiasten brachten ihrem Direktor ein öffentliches Spektakel dar. In einem anderen Fall war ein Pfarrer die Zielscheibe der Kritik. Dieser deutete die schräge Abendmusik vor seiner Wohnung sogleich als Angriff auf das „hiesige kirchliche Leben“ insgesamt. Aber auch der Chef der Bürgerwehr, der Polizeipräsident oder Ministerpräsident Ludolf Camphausen in der Wilhelmstraße wurden mit lärmenden Nachtmusiken, bei denen auch schon mal ein paar Fensterscheiben zu Bruch gehen konnten, heimgesucht. Otto Camphausen,

5 Wolff, Revolutions-Chronik, Bd. 2, S. 67.

Bruder des Ministerpräsidenten, schreibt am 28. Mai an dessen Frau nach Köln: „Ludolf ist heute recht heiter und wohl, an den vorhergehenden Tagen [...] waren sein Nerven sehr angegriffen. Wenn er auch die ihm an den ersten drei Tagen der Woche dargebrachten Katzenmusiken, da sie in der Tat nur von Straßenjungen und Gesindel ausgingen, als gleichgültig hinnahm, so war dann doch die Aussicht auf solche Besuche nicht sehr einladend [...]. Am Freitag habe ich darauf bestanden, dass Ludolf sein Schlafzimmer nach hinten hinaus verlegt hat und dass wir des Abends auch hinten unser Arbeitszimmer haben." Alles dies nicht, so fügt Otto Camphausen hinzu, weil direkte Gefahr bestünde, sondern um „dem widerlichen Straßenlärm" zu entgehen.[6]

Gewiss, revolutionsentscheidend waren diese nächtlichen populären Misstrauensvoten von der Straße aus nicht. Die exorbitante Häufung der „Katzenmusiken" bewirkte allerdings erste Koalitionen aller Freunde von Ruhe und Ordnung, Repräsentanten der alten Machtelite wie auch bürgerlich-liberale Kreise rückten näher zusammen. Selbst den entschieden demokratischen ‚Volksfreunden' erschien dieses Handlungsmuster der Rügebräuche mit Elementen volkstümlicher Selbstjustiz eher suspekt. Zu diesem Zeitpunkt korrespondierten Camphausen und der im geliebten Potsdam in Ruhe residierende preußische König bereits über ein förmliches Verbot der plebejisch-rohen Straßenspektakel. Hören wir einmal die Sprache des Königs (Brief an Camphausen vom 6. Juni 1848): „Das Berliner Volk ist es gewohnt geworden, dass täglich ungestraft grobe Gotteslästerung, frechstes Antasten der irdischen Majestät, Zuchtlosigkeit, Aufruf zum Widerstand und Ungehorsam, scheußlichste Lüge, revoltante Plakate, frevelhafte Klubherrschaft und seit einigen Tagen das Wort und der Ruf der Republik und des vollsten Umsturzes aller Verhältnisse unsere Gassen entweihen." Der König ordnet von Potsdam aus an, er befiehlt, dass der Zuchtlosigkeit in Berlin nun schärfstens entgegenzutreten sei, durch Wort, Schrift, „Volksbearbeitung" (!), Plakate, Bilder, Bildung guter Klubs, Befehl an alle Geistlichen, nicht allein Frieden, sondern Ordnung, Gehorsam und Treue zu predigen.[7]

Im Juni 1848 erreichte die Fieberkurve der Revolution ihren Scheitelpunkt, danach gab es eine rückläufige Bewegung revolutionärer Gegenmacht. Die politische Prozession zum Friedrichshain Anfang Juni, eine gewiss eindrucksvolle, symbolträchtige Manifestation, repräsentierte für Berlin, für Preußen, noch einmal die Revolutionsfraktion in größtmöglicher Breite und Vollständigkeit. Der riesige Zug –

6 Josef Hansen (Hg.), Rheinische Briefe und Akten zur Geschichte der politischen Bewegung 1830-1850, Essen/Bonn und Köln/Bonn 1919-1976, 3 Teilbände, hier: Bd. 2.2, S. 180.

7 Friedrich Wilhelm IV. (Potsdam) vom 6. Juni 1848 an Ludolf Camphausen, in: Weber (Hg.), Revolutionsbriefe, S. 169-172, Zitat: S. 169.

es ist von 40.000 bis 80.000 Teilnehmern die Rede – vom Gendarmenmarkt zur Stätte der Märzgefallenen wurde angeführt von Teilen der Bürgerwehr, es folgten etwa 2000 Mitglieder des Handwerkervereins, sodann 150 Abgeordnete des Preußenparlaments, die parlamentarische Linke in fast vollständiger Fraktionsstärke. Es schlossen sich an die vielen politischen Vereine: „demokratischer Club", „constitutioneller Club", „Bürgerwehrclub", „Volksclub", „Verein für Volksrechte", der „demokratische Damen-Club" und andere mehr. Die Demokraten präsentierten erstmals ihre Vereinsfahne, ein Geschenk des „Damen-Clubs".[8] Der edle, dunkelrot-seidene Fahnenstoff – es war eine rote, nicht eine schwarz-rot-goldene Fahne – war mit Goldfransen eingefasst und mit einem schwarzen Trauerband versehen. Die Fahne trug die Inschriften: „Demokratischer Club" und „18. und 19. März!" Dieses Datum war so etwas wie eine heilige Chiffre: die mit dem Blut der Märtyrer besiegelte Freiheitstat. Es folgten im Zug die Angehörigen der Märzgefallenen, über 1 000 Mann der „vereinigten Landwehr", schließlich Abgeordnete sämtlicher Gewerke und Innungen. Unter diesen fiel durch „colossale Grösse" besonders das schwarz-rot-goldene Banner der Buchdrucker mit der Inschrift „Freie Presse" auf. Die Tischlergesellen trugen eine aus Hobelspänen gefertigte, in den deutschen Farben glänzende Standarte. Unter den Arbeitergruppen stachen Maschinenbauer, Arbeiter aus den Eisenbahnwerkstätten, Gesellen der Bauhandwerke besonders hervor. In großer Zahl vertreten waren schließlich Gruppen der Erdarbeiter, „Rehberger" und andere, jeweils mit Fahnen. Gegen Ende des Zuges erregten die Arbeitslosen mit einer kleinen weißen Fahne und der Parole „die brodlosen Arbeiter" besondere Aufmerksamkeit. Sie hatten zur Feier des Tages ihre Mützen mit Laub geschmückt. Ganz zum Schluss gingen Studenten mit bunten Mützen und federgeschmückten Hüten, nicht weil sie in der Rangordnung am wenigsten galten, sondern doch wohl eher, um am ausfransenden Ende des Zuges für Ordnung und Anstand zu sorgen. Ein Choral eröffnete die Feier. Zwölf Redner waren vorgesehen. Am prägnantesten dürfte wohl der Abgeordnete Georg Jung die gemeinsamen Stimmungen der Revolutionsfraktion zum Ausdruck gebracht haben. Schon am 22. März habe er „das Volk von Berlin" an gleicher Stätte aufgefordert, über das Testament der Märzgefallenen zu wachen. Heute müsse man sich fragen, ob dieses Vermächtnis eingelöst worden sei. Inzwischen träten die Habsüchtigen wieder hervor und verleumdeten die Wächter der Revolution. Es mehrten sich die Stimmen, die – sagt Jung – die „leuchtendste That unseres Jahrhunderts" in den Schmutz zie-

8 Zum Demokratischen Damen-Klub und der Übergabe der Fahne durch Lucie Lenz vgl. den Beitrag von Sylvia Paletschek im vorliegenden Band.

hen wollten. Alle jene suchten jetzt ihren geldwerten Vorteil, die kein Blut, kein Gut, keine Kraft für die Freiheit geopfert hätten.[9]

Wer machte die Revolution?

„Pöbelexcesse" oder Straßenpolitik – so lautete eingangs die Frage. Für den preußischen König, für die herrschenden alten Eliten des Adels, die viel zu verlieren hatten, war alles das, was seit dem „Unheilsmonat" März 1848 auf den Straßen geschah und in vielen neuartigen politischen Clubs debattiert, in Zeitungen, auf Flugblättern und Plakaten so respektlos verbreitet wurde, ein großer böser Exzess des entfesselten, verführten, gottlosen, gemeinen Pöbels. Auch die wohlhabenden und gebildeten bürgerlichen Mittelklassen, die Honoratioren, die Satten, sahen das nicht viel anders. Sprachen sie von Revolution? Kaum – sie sprachen eher von „Vereinbarung"; sie wünschten Zulassung zur bürgerlich erweiterten Arena der großen Politik, Mitsprache, wo sie doch schließlich Steuern zahlten, Abschaffung von Privilegien, Anerkennung von Leistung, Rechtsgleichheit, Freiheit der Versammlung und Vereinsbildung. Sanft erzwungene Anerkennung von oben und scharfe soziale Distinktion wie politische Abschottung nach unten hin, bestimmte ihr Verhalten grosso modo. Demokratie? Ein bisschen, aber bloß nicht zu viel, denn wo kämen wir hin, wenn die vielen Eigentumslosen, Ungebildeten und Zukurzgekommenen – der Zahl nach Majoritäten – das gleiche Stimmrecht bekämen? Und Republik – das heißt scharfer Bruch mit dem Alten, dem erblichen Gottesgnadentum? Um Himmels willen, wo kämen wir hin, wo doch schon jetzt die Grundfesten der bürgerlichen Gesellschaft ins Wanken geraten und immer mehr rote Fahnen draußen auf den Straßen sich hervordrängten? Freiheit vom alten Bevormundungssystem und seinen diskriminierenden Kränkungen? Ja, aber bitte nicht viel mehr. Gleichheit? Könnte wohl sein, rechtliche und (eingeschränkte) politische Gleichheit, aber doch nicht Umverteilung, soziale Gleichheit – um Himmels willen! – das wäre doch am Ende die Gleichheit der Tüchtigen mit den Untüchtigen. Und was war eigentlich mit der dritten, so schön romantisch klingenden Revolutionsparole, der fraternité, zu deutsch: Brüderlichkeit? Wer wollte, wer sollte sich verbrüdern? Nur Gleiche mit Gleichen, wie etwa wissbegierige, qualifizierte Arbeiter in der „Arbeiterverbrüderung" des Buchdruckers Stephan Born? Oder womöglich auch jene hungrigen Massen niederen Volks, die Vielen, die Eigentumslosen – verbrüdern mit dem Bür-

9 Ausführliche Beschreibungen in: Wolff, Revolutions-Chronik, Bd. 3, S. 119-136; Paul Boerner, Erinnerungen eines Revolutionärs. Skizzen aus dem Jahre 1848, Leipzig 1920, 2 Bde., hier: Bd. 1, S. 245-264.

ger? Und was würde das denn dann meinen: Verbrüderung? In der frühchristlichen Gemeinde nannten die Bekehrten sich untereinander „Brüder“ und „Schwestern“ und fühlten sich als Glieder einer Familie. Was hieße das nun in einem Volk, das doch wohl ein christliches Volk war? Würde der wohlhabende Bruder seinen wärmenden Mantel teilen sollen und eine Hälfte dem Frierenden reichen? – Genug, ... Man sieht schon, schreckliche Abgründe, die sich da 1848 auftaten, furchtbare Gewissensprobleme für bürgerliche Mittelklassen, die da zutage treten. Schon bald, das zeigt der weitere Gang der Dinge im Sommer 1848, überstieg bei ihnen die Revolutionsfurcht ihren ohnehin schwach ausgeprägten Revolutionsmut.

Noch einmal und abschließend: Wer machte die Revolution? Die Vielen, die Masse, das Volk machte sie, indem sie die öffentlichen Räume besetzten, als „Machtmasse“ (Elias Canetti) den Bruch mit dem Alten vollzogen, herrschende Gesetze brachen, geltendes Recht verletzten und dabei selbstverständlich auch gewaltsam vorgingen. Im Unterschied zu den verängstigten Zeitgenossen von einst sollte jedoch der Historiker von heute nicht mit den Schmähbegriffen von einst wie „Pöbelexcesse“ und „Volkstumulte“ operieren, sondern angemessener von „Straßenpolitik“ sprechen, die sich in unzähligen kleineren und größeren Aktionen manifestierte, und die als historisch, sozial und kulturell angemessene Form der Politik der ‚kleinen Leute’ zu charakterisieren ist. Wollte man eine Revolution um 1848 irgendwo in Europa, so war sie ohne diese eruptiven Massenaktionen unter freiem Himmel nicht zu haben. Hier lag das energetische Kraftzentrum jeder Revolution zu dieser Zeit. Damit soll nun freilich nicht die illusionäre Vorstellung genährt werden, alles Gute in der Geschichte käme gewissermaßen von unten. Die „history from below“, heute ganz aus der Mode gekommen, hat sich intensiv mit allen kollektiven Bewegungen der unteren Volksschichten befasst und deren Möglichkeiten, Grenzen und Ambivalenzen aufgezeigt. Zur Straßenpolitik um 1848 gehörte auch Gewalt gegen Sachen und Personen, die kollektive Nötigung und die Plünderung entbehrter Grundnahrungsmittel, Totschlag, gewalttätige Angriffe auf Juden, „Ausländer“, Fremde, auf „Reaktionäre“ oder auf Demokraten, auf die „Feinde des Königs“ oder des preußischen Vaterlandes.

Komprimiert man die zahllosen Bewegungen, Aktionen und Expressionen der unteren Volksschichten in Stadt und Land um 1848 und bringt sie auf wenige Generalnenner, so stand auf ihrer großen Revolutionsfahne vor allem das Eine in dick geschriebenen Buchstaben und durch direkte Aktion bekräftigt: die Revolution, wenn sie Sinn haben soll, muss uns den Tisch decken! Und es darf dann schon etwas mehr sein als trocken Brot, Kartoffel, Kohlsuppe und Hering. Die Revolution und die Freiheit, die sie meinten, hieß: Teilhabe an einem menschenwürdigen Leben, soziale Rechte, selbstverständlich meinte das auch: teilen und umverteilen.

Nicht Almosen, sondern rechtlichen Anspruch auf elementare Dinge des Lebens: Nahrung, Arbeit, anständige Behausung, höherer Lohn, Schulbildung für die Ungebildeten und vor allem die Kinder, Land für die Landlosen, nicht zuletzt auch: Steuern für die Unbesteuerten, höhere Steuern für die Wohlhabenden, kurz: angemessene Einkommen und ein auskömmliches Leben für alle und eine Solidargemeinschaft, die diese Voraussetzungen garantiert. Waren das schon die Morgenröte des Kommunismus, wie manche fürchteten und – sehr wenige – hofften? Sicher nicht, aber gewiss waren dies doch starke Anklänge einer sozialen Revolution, die sich mit der gleichzeitig virulenten nationalen Revolution und der demokratischen Revolution vielfach überlagerten und vermischten.

Es war ein objektives Dilemma der Zeit um 1848, dass die Zielsetzungen und die Sprache der sozialen Revolution, nämlich die auf direkter Aktion beruhende Straßenpolitik, mit den Politikformen der demokratischen Revolution kaum zu vermitteln waren. Es gab hier ein gravierendes Übersetzungsproblem: wie nämlich die enormen Bewegungsenergien der direkten selbsttätigen Aktion der Vielen, der Massen, auf die Ebene der politischen Clubs, der entstehenden Parteien, und – noch schwieriger – auf die Ebene der Parlamente zu transferieren seien. Das versuchten vor allem die ‚Volksfreunde' in den demokratischen Clubs und, zaghaft, auch erste Arbeitervereine. Aber der eine lange Sommer der Revolution war viel zu kurz, um diese langwierige und schwierige Umwandlung politischer Kulturen von dem gewaltförmigen „Hier und Jetzt" der Straßenpolitik zur abstrakten, vermittelnden, parteiförmigen und parlamentarischen Stellvertreterpolitik (der Repräsentation) zustande zu bringen.

Rüdiger Hachtmann
Die Revolution von 1848 – eine Jugendrebellion?

Revolutionen sind immer auch Jugendrevolten. Man muss sich nur umschauen: In der jüngsten Vergangenheit war es vor allem die ägyptische Jugend, die sich 2011 zu Zehntausenden und schließlich Hunderttausenden auf dem Kairoer Tahrir-Platz versammelt und schließlich Mubarak vom Thron gestürzt hat. Es ist die Jugend, die heute in vielen Staaten in der Welt immer weniger bereit ist, das Diktat vermeintlich anonymer Finanzmärkte hinzunehmen, und für eine Welt kämpft, in der es sich lohnt zu leben.

Die Achtundsechziger waren eine Jugendbewegung, nicht nur eine Studentenbewegung, sondern auch eine Schüler- und Lehrlingsrebellion. In Italien und Frankreich waren es darüber hinaus die jungen, oft unqualifizierten Arbeiter, die an Fließbändern standen, von denen Massenstreiks und Betriebsbesetzungen ausgingen – allerdings schon bald sie nicht mehr allein. Sie rissen die älteren Kollegen mit, so dass im Mai 1968 und in Italien des Jahres 1969 schließlich längere Zeit die berühmten Räder stillstanden.

Dass es vor allem die Jugend auf die Barrikaden trieb, war schon 1789 so, wenn man dem stilisierten Gemälde von Eugène Delacroix glauben darf.

Abbildung 1: „Marianne“

Es war ja nicht nur die berühmte Marianne, die natürlich alle Blicke auf sich zieht, die ungeachtet aller mörderischen Gewalt königstreuer Soldaten vorwärts stürmt, sondern (von uns aus, rechts) neben ihr, ein Jugendlicher, nach meinem Eindruck vielleicht 15 Jahre alt, und links zwei „junge Erwachsene“ (wie man heute sagen würde), die allen Gefahren trotzend der Revolution zum Sieg verhelfen wollen.

1848 war das nicht wesentlich anders. Dazu werden im Folgenden ein paar Schlaglichter gesetzt und am Schluss dann anhand zweier Fragen diskutiert: Warum war und ist es erstens vor allem und immer wieder die Jugend, die auf grundlegende Veränderungen dringt und zum sozialen Träger der Emanzipationsbewegungen und Revolutionen wird? Und zweitens: Was unterschied die Revolution in Deutschland von der in Europa?

Die Jugend auf den Barrikaden

Ernst Zinna und Heinrich Glasewald, die beiden berühmten jugendlichen Revolutionäre, die die Barrikade an der Ecke Jäger-/Friedrichstraße verteidigten und dafür mit dem Leben büßen mussten, waren nicht die Einzigen.

Abbildung 2:
„Ernst Zinna und Heinrich Glasewald auf der Barrikade an der Ecke Jäger-/Friedrichstraße"

Mehr als ein Drittel (genau: 36,7%) aller Berliner „Märzkämpfer", d. h. der insgesamt Märzgefallenen, Märzverletzten und der nach Spandau unter unwürdigen Verhältnissen abgeführten Gefangenen, über die auch Altersangaben vorliegen, war nach damaligen Vorstellungen noch nicht ‚volljährig', d. h. 24 Jahre oder jünger.

Tabelle 1: Märzkämpfer nach Alterskohorten (in v. H.)[10]

	Alle Märzkämpfer	darunter:	
		Märzgefallene	Märzgefangene
unter 20 Jahre	11,3	8,7	14,3
20 bis 24 Jahre	25,4	22,2	28,9
25 bis 29 Jahre	22,5	19,7	23,7
30 bis 34 Jahre	13,2	14,3	12,2
35 bis 39 Jahre	9,2	9,1	9,1
40 bis 44 Jahre	6,7	8,3	4,5
45 bis 49 Jahre	6,8	10,9	3,5
50 Jahre und älter	4,9	6,8	3,8
Zusammen	100,0	100,0	100,0
Durchschnittsalter	30,0	32,3	27,9
Fälle insgesamt (absolut)	913	277	536
Fehlende Werte (a)[11]	*29,3*	*4,7*	*45,4*

Tatsächlich war die Beteiligung ‚Jugendlicher' und ‚jungen/Erwachsenen' (bis 30 Jahre) an den Barrikadenkämpfen noch erheblich höher, als die trockenen Daten zu den Märzgefallenen und Märzgefangenen ausweisen. Denn ältere Menschen sind nicht so flink wie jüngere – das war damals nicht anders als heute – und wurden am 18. März deshalb eher gefangen gesetzt. Darüber hinaus war die Berliner Gassenjugend im ‚Straßenkampf trainiert'. Sie hatte, ohnehin schon im Vormärz geübt in

10 Adalbert Roerdansz, Gefangene Berliner auf dem Transport nach Spandau am Morgen des 19. März 1848, Berlin o. J. (1848), S. 199-227; Jürgen Kuczynski/Ruth Hoppe, Eine Berufs- bzw. auch Klassen- und Schichtenanalyse der Märzgefallenen 1848 in Berlin, in: Jahrbuch für Geschichte 1964/IV, S. 214-272; Landesarchiv Berlin, StA Rep. 01, Nr. 2441; Rep. 03, Nr. 948; verstreute Zeitungsangaben.

11 In v. H. aller Werte.

der Neckerei der Gendarmen der Hauptstadt, in den Tagen vor der Berliner Märzrevolution die Gelegenheit wahrgenommen, mit nervös gewordenen Kavallerieeinheiten in der Preußenmetropole Katz und Maus zu spielen.

Auch Frauen, und zwar junge Frauen, beteiligten am Barrikadenkampf, wie auf dem „Barricade an der Kronen- und Friedrichstraße“ anschaulich verewigt ist.

Abbildung 3: „Die Barrikade an der Kronen- und Friedrichstraße am 18. März 1848 von einem Augenzeugen“

Auch dieses Bild ist zwar stilisiert, spiegelt aber zugleich die tatsächlichen Konstellationen der Revolutionszeit. Lucie Lenz, die Vorsitzende des Berliner Demokratischen Frauenklubs war im März 1848 nicht einmal 24 Jahre alt.[12] Blickt man auf weibliche ‚Prominenz‘ des Revolutionsjahres, zeigt sich gleichfalls, dass diese noch ziemlich jung war: Amalie Struve, die Lebensgefährtin Gustav Struves, der im April 1848 zusammen mit Friedrich Hecker Baden zur revolutionären Republik machen wollte, war gleichfalls, erst 24 Jahre alt. Luise Aston gehörte mit 33 Jahren zu den Älteren, Malvida v. Meysenburg war 31, Mathilde Franziska Anneke 30 und Louise Otto Peters, Anfang 1849 Initiatorin der berühmt gewordenen „Frauenzei-

12 Vgl. den Beitrag von Sylvia Paletschek im vorliegenden Band.

tung“, war im Revolutionsjahr 28 Jahre alt. Auch die ‚einfachen‘ Mitglieder der demokratischen Frauenvereine scheinen – soweit die dürftige Überlieferung hier Rückschlüsse zulässt – vornehmlich der jüngeren Generation angehört zu haben.

Das Gemälde der „Barricade an der Kronen- und Friedrichstraße“ gibt aber auch über die geschlechtsspezifischen Rollenverteilungen Auskunft: Es sind vor allem die Männer, die oben auf der Barrikade stehen und unmittelbar die Attacke der Soldaten abwehren, während sich die jungen Frauen relativ geschützt dahinter befinden und anscheinend mit dem Gießen von Gewehrkugeln beschäftigt sind. An dieser Arbeitsteilung, die den Frauen ihrem Geschlecht nach eher untergeordnete (Hilfs-)Tätigkeiten zuwies, die angeblich ihrer weiblichen Natur entsprachen, änderte sich während der Revolution grundsätzlich nichts: Die jungen Frauen, die die Revolution unterstützten, durften Fahnen sticken und Kränze flechten. Und auch auf Demonstrationen der Demokraten waren sie mehr Dekor als tatsächlich ernst genommen ...

„Feuriger Enthusiasmus“ und revolutionärer Habitus – die bürgerliche Jugend

Die jüngeren Generationen, die in Berlin und ebenso in Paris, Wien und eigentlich überall, der Revolution zum Durchbruch verholfen hatten,[13] gaben nicht nur auf den Barrikaden den Ton an. Auch für andere politische Bühnen 1848/49 gilt, dass sich die Jungen für die Revolution engagierten, die Älteren dagegen oft nur ihre Ruhe haben wollten und weit stärker den Konservativen und Liberalen zuneigten.

Für Berlin lassen sich zur Altersstruktur der Vereinsvorstände präzise Angaben machen: In der Preußenmetropole lag das Durchschnittsalter der Vorstandsmitglieder der demokratischen Klubs bei 30,3 Jahren; ihre Vorstandskollegen vom liberalen Konstitutionellen Klub waren im Schnitt dagegen knapp vierzig (39,0), die Vorstände der im Sommer 1848 zwei konservativen Vereine Berlins sogar fast fünfzig (48,3) Jahre alt. Innerhalb des fraktionierten demokratischen Spektrums galt dieselbe Regel: Im Demokratischen Klub, dem radikalsten und mitgliederstärksten politischen Verein Berlins, waren die Vorstandsmitglieder im Durchschnitt nicht einmal 28 Jahre alt; im moderaten Volksklub dagegen waren die Vorstände mit knapp 35 Jahren deutlich ‚angejahrter‘.[14]

13 Vgl. zur Rolle der Jugend 1848 (auch) in Wien und Paris Rüdiger Hachtmann, Die Revolution von 1848/49 als Jugendrevolte, in: Helmut Bleiber/Wolfgang Küttler (Hg.), Revolution und Reform in Deutschland im 19. und 20. Jahrhundert. Fs. für Walter Schmidt, Bd.1; Ereignisse und Prozesse, Berlin 2005, 77-96

14 Vgl. ders., Berlin 1848. Eine Politik- und Gesellschaftsgeschichte der Revolution, Bonn 1997, S. 277 (Tabelle 5).

Es waren fast ausschließlich jugendliche Redner, die auch auf Volksversammlungen vor und nach dem 18. März und später während der Vereinssitzungen demokratischer Klubs einen „feurigen Enthusiasmus“ zeigten, wie der bereits einer älteren Generation angehörende Berliner Demokrat Adolph Streckfuß beobachtete. „Jede excentrische Äußerung“, so erinnerte sich Streckfuß später, wurde insbesondere vom jugendlichen Publikum mit „schallenden Bravo's“ bedacht, „während der Lohn einer ruhigen gemäßigten Sprache gewöhnlich ein durchdringendes Zischen“ aus den Reihen der in den linken Vereinen starken jungen Zuhörerschaft war.[15]

Vor allem im Bürgertum war die politische Positionierung sehr stark von der Generationszugehörigkeit abhängig. Studenten und Gymnasiasten waren oft linksorientiert, die Väter zumeist gemäßigt-liberal oder konservativ-royalistisch. In Berlin bildeten Studenten und in den ersten Revolutionswochen auch die Primaner der Gymnasien ein eigenes, der Bürgerwehr assoziiertes ‚fliegendes Corps‘.

Eine sehr unterschiedliche politische Positionierung je nach Generationszugehörigkeit ließ sich auch für die Dozentenschaft der Berliner Universität Unter den Linden beobachten. Sofern sich Universitätslehrer in linksliberalen und demokratischen Vereinen engagierten, gehörten sie dem Hochschullehrernachwuchs, also den – auch damals schon unbesoldeten – Privatdozenten bzw. den außerplanmäßigen (Universitäts-)Professoren an. Auch innerhalb der berufsständischen Reformbewegungen der Ärzte, der Lehrer, der Juristen usw. gab vor allem der „Nachwuchs“ den Ton an – unter ihnen z. B. Rudolf Virchow, der 1848 an der Charité tätig war. Virchow war im Revolutionsjahr 27 Jahre alt, stand am 18. März auf den Barrikaden, und gehörte zu den führenden Repräsentanten des linken Flügels der demokratischen Bewegung sowie der sozialen Reformbewegung der Berliner Ärzteschaft – und büßte sein Engagement 1849 mit einem Berufsverbot, d. h. er wurde aus politischen Gründen entlassen und ging für sieben Jahre nach Würzburg.

Nicht nur die Angehörigen der Achtundsechziger-Jugendbewegung des 20. Jahrhunderts kultivierten ihre linksradikale Haltung, indem sie sich die Haare wachsen ließen und – in den Augen der Erwachsenen-Generation – schlampig und abgerissen, nämlich in Jeans und Parker herumliefen. Auch 1848 sah man meist sofort, wer links war. Jugendliche Radikaldemokraten setzten sich von der ‚etablierten Elterngeneration‘, im äußeren Erscheinungsbild, ab. Es entwickelte sich ein Dress-Code, an dem junge Radikaldemokraten zu erkennen waren und für den im deutschen Raum der badische Revolutionär Friedrich Hecker, als revolutionärer „Mann der Tat“, Pate stand:

15 Adolph Streckfuß, Die Organisation der Volkspartei, Berlin 1849, S. 3 f.

Abbildung 4: „Friedrich Hecker“

Ein großer, heller Schlapphut mit Hahnenfeder und schwarz-rot-goldener Kokarde oder auch ein schwarzer Calabreser mit roter Feder, eine rotes Halstuch, eine weite, meist blaue Bluse sowie ein wallender Kinnbart und langes Kopfhaar galten in den Augen der Zeitgenossen als die „Hauptkennzeichen der demokratischen Parteigenossen“.[16] Während die antiautoritären Jugendlichen und jungen Erwachsenen im Revolutionsjahr zu „regelrechten Zwillingen“ (Isabella Belting) des Friedrich Hecker nachgebildeten „Struwwelpeters“ mutierten, trugen ältere ‚gesetzte‘ Bürger zumeist weiterhin Gehrock und Zylinder. Den Bart als Kennzeichen der „Umstürzler“ lehnten sie ab. Sie blieben demonstrativ glatt rasiert. Auch damit outeten sie sich als politisch Nicht-Engagierte oder (mindestens passiv) Konservative.[17] Dass aus jungen bürgerlichen Rebellen angepasste Mitglieder eines ehrwürdigen Establishments werden konnten, war auch den 1848er-Karikaturisten wohlbewusst.

---

16 Berlin in der Bewegung von 1848, in: Die Gegenwart, Leipzig 1849, S. 538-597, hier: S.578.
17 Vgl. Isabella Belting, Mode und Revolution. Deutschland 1848/49, Hildesheim 1997, S.67-87, 94 ff., 100 ff.

Abbildung 5:
„Frühling – Sommer – Herbst“.
Michels Barttracht im Jahre 1848

In den Unterschichten, also unter Gesellen, Fabrikarbeitern oder proletaroiden Handwerksmeistern, waren die Unterschiede in der Kleidung nach Generationen übrigens nicht so groß. Sie trugen, ziemlich gleichgültig ob jung oder alt, zumeist Arbeitskittel und flache Kappen. Indirekt drückte sich darin auch aus, dass in den proletarischen Schichten die politischen Differenzen je nach Zugehörigkeit nicht so ausgeprägt waren wie im Bürgertum.

Allerdings sei auch mit Blick auf das Bürgertum vor vorschnellen Verallgemeinerungen gewarnt. Dass jüngere Bürger eher nach links tendierten, schloss nicht aus, dass es nicht auch zahlreiche Studenten oder Privatdozenten gegeben hat, die auf Seiten der Konservativen standen – jedoch passiv blieben und sich (jedenfalls in Berlin) nicht lautstark äußerten. Noch seltener war es, dass sich Studenten (wie man heute sagen würde:) „sozial engagierten" oder gar auf Seiten der damals gleichfalls entstehenden linken Arbeiterbewegung aktiv wurden.

Rebellische „Rehberger"

Eine der seltenen Ausnahmen war Gustav Adolf Schlöffel, der Ihnen wahrscheinlich bekannt ist, weil eine Karikatur von ihm einige der Taschen ziert, die in unserer Ausstellung verkauft werden. Schlöffel war zum Zeitpunkt der Märzrevolution erst 19 Jahre alt, hatte 1846/47 in Heidelberg Philosophie studiert und war wegen seiner radikaldemokratischen Ansichten von der Universität relegiert worden. Nach den ersten Nachrichten über die Märzrevolution ging er nach Berlin – und wurde dort Wortführer der Berliner Erdarbeiter, bzw. eigentlich nur einer Teilgruppe, der „Rehberger". Erdarbeiter waren Arbeitslose, übrigens keineswegs nur unqualifizierte Arbeiter, sondern auch z. B. Lehrer oder Goldschmiede.

Da in Berlin Anfang 1848 die Erwerbslosigkeit ziemlich hoch war, nämlich bei schätzungsweise 20 bis 30 Prozent lag, und der Berliner Magistrat Erwerbslosendemonstrationen und Hungerrevolten fürchtete, wurden Ende März 1848 in größerem Stil Arbeitsbeschaffungsmaßnahmen für insgesamt gut zehntausend männliche Erwerbslose initiiert. Dennoch kam es mehrfach zu größeren Demonstrationen dieser Notstandsarbeiter und dort, wo die öffentlichen Arbeiten stattfanden, immer wieder zu Tumulten.

Abbildung 6: „Zeitläufte: Januar 1848/Juni 1848“ – Bürger und Arbeiter

Berühmt-berüchtigt in den Augen ordnungsliebender Berliner Bürger waren unter den Erdarbeitern vor allem die erwähnten Rehberger. Sie mussten in den Rehbergen im heutigen Wedding an der einen Stelle Sandhügel abtragen und an einer anderen Stelle wieder aufschütten. Zu derart sinnlosen Arbeiten ließen sie sich bestenfalls begrenzt motivieren. Da die Obrigkeit ob des Schlendrians auf den öffentlichen Baustellen höchst verärgert war und der liberalkonservative Magistrat fürchtete, im etablierten Bürgertum der älteren Generationen seinen Rückhalt zu verlieren, führte er Akkord, also Leistungslohn ein. Die Rehberger versuchten, sich dagegen zu wehren, allerdings vergeblich. Anfang Mai 1848 wurden die meisten von ihnen entlassen. Allerdings setzte der Magistrat die Rehberger nicht als Rehberger auf die Straße. Er begründete die Entlassung mit den knappen Haushaltsmitteln und erklärte, nur die älteren Erwerbslosen sowie Familienväter weiter beschäftigen zu können. Die jungen und ledigen verloren ihre Beschäftigung. Das rebellische Potential unter den Erdarbeitern war damit entschärft. Der Effekt der Politik des Magistrats war, dass in der Folgezeit von den Erdarbeitern (mit einer Ausnahme) keine größeren Tumulte und Demonstrationen mehr ausgingen.

Gustav Adolf Schlöffel hatte man schon früher kaltgestellt. Er war bereits am 21. April verhaftet worden.

Abbildung 7:
„Preßprozeß gegen Gustav Adolf Schlöffel"

Ihm wurde vorgeworfen, dass er zu Gewalt gegen den damaligen Ministerpräsidenten Ludolf Camphausen aufgerufen hatte und das Allgemeine Preußische Landrecht (eine Ende des 18. Jahrhunderts in Kraft gesetzte Mischung aus Verfassung und BGB) als „ureigene Frucht" des „Polizeistaates" und eines „spießbürgerlichen Untertanenbewußtseins" bezeichnet hatte. Am 11. Mai wurde er deswegen zu sechs Monaten Festungshaft verurteilt – ein Indiz übrigens, dass die Revolution in Preußen nicht sehr tief ging und der Meinungsfreiheit weiter enge Grenzen gesetzt blieben. Ende Oktober 1848 gelang ihm die Flucht aus der Festung Magdeburg. Das folgende halbe Jahre beteiligte er sich auf Seiten der revolutionären Ungarn am Kampf gegen die Habsburgermonarchie ehe er sich im Mai 1849 der badischen Revolutionsarmee anschloss und am 21. Juni 1849 in der Schlacht von Waghäusl fiel.[18]

18 Vgl. als Überblick: Karl Obermann, Gustav Adolf Schlöffel, in: ders. (Hg.), Männer der Revolution, Bd. 1, Berlin 1987, S. 191-215.

... die lang ersehnte Zeit der Freiheit und die Lust an der Rebellion: die Alltag der Unterschichtsjugend 1848

Noch ein paar Bemerkungen zu den Unterschichten, also zu rund achtzig Prozent der Berliner Bevölkerung, und der jungen Generation dort. Die Kinder, Jugendlichen und jungen Erwachsenen genossen die Revolution als die lang ersehnte Zeit der Freiheit. Sie waren zwar auch vor dem 18. März 1848 zumeist auf der Straße gewesen, weil sie in aller Regel in engen Wohnungen hausen mussten und Kinderzimmer bei ihnen ohnehin unbekannt waren – allerdings mussten sie sich vor der Märzrevolution vor den Gendarmen ständig in Acht nehmen. Die Gendarmen aber waren nach der Märzrevolution völlig eingeschüchtert, jedenfalls für einige Monate, und wagten nicht, ihre traditionelle Klientel zu schurigeln; oder sie waren völlig von der Bildfläche verschwunden. Wenn Gendarmen wagten, auf der Straße zu erscheinen, wurden sie zum beliebten Objekt, das man in den ersten Wochen nach der Revolution ungestraft ärgern konnte. Vor allem die „Lehrburschen", und zwar besonders die „Schusterjungen", waren von besonderer „Spruchfertigkeit", wenn es darum ging, die Gendarmen oder die Konstabler – eine moderne Polizeitruppe, die ab Juni 1848 nach Londoner Vorbild in Berlin aufgebaut wurden – zu necken (wie der demokratische Journalist Robert Springer beobachtete).[19]

Natürlich funktionierte auch die Schule nicht mehr so wie vor dem 18. März. „Nach den Märztagen", heißt es so knapp wie sachlich-nüchtern in dem Bericht der Leitung einer Armenschule, also einer Grundschule für die Unterschichten, sei der Schulbesuch „ziemlich unregelmäßig" gewesen. Überhaupt hätten sich „die Unruhen zu Anfang des Jahres sehr nachteilig auf die Gesinnung und Gesittung der Schüler ausgewirkt. Es schien, als ob für die Schule alle Ordnung aufgehört hatte." Lehrer, die es wagten, ihre Schüler zu disziplinieren, wurden „in einem sehr unerfreulichen Maße belästigt".[20]

Viele Jugendliche wurden zu „fliegenden Buchhändlern". Sie boten zahllose Flugblätter und Flugschriften feil, die die alten Zustände anprangerten und die neuesten Nachrichten verkündeten oder mit Witz und Ironie über alles herzogen, was bis 1848 niemand zu kritisieren gewagt hatte. Ebenso war die Berliner „Gassenjugend" bei diesen Katzenmusiken im buchstäblichen wie übertragenen Sinne tonangebend – wenn es darum ging, missliebigen städtischen Honoratioren meistens

19 Robert Springer, Berlins Straßen, Kneipen und Clubs im Jahre 1848, Berlin 1850 (ND Leipzig 1985), S. 24.

20 Zitate: Jahresbericht der 1. Kommunal-Armen-Schule für 1848 (vom 1. April 1849), in: Landesarchiv Berlin StA, Rep. 20-01, Nr. 1466, Bl. 9 Rs. u. 10, bzw. Aktennotiz vom 26. Mai 1848, in: ebd., Rep. 01, Nr. 2439, Bl. 165.

nachts mit Kochtöpfen, schrägen Blasinstrumenten usw. die Ohren vollzudröhnen.[21] Beteiligt war an diesen Katzenmusiken übrigens die „Gassenjugend" beiderlei Geschlechts: In den Unterschichten war die Differenzierung nach männlichen und weiblichen Rollenklischees auch nicht ansatzweise so ausgeprägt wie in den bürgerlichen und kleinbürgerlichen Schichten.

Mitte November 1848 wurde die Revolution in Berlin beendet und der Belagerungszustand ausgerufen.

Das rebellische Selbstgefühl vor allem der Unterschichtsjugend konnten General Wrangel und seine Truppen jedoch nicht gänzlich ersticken. Ende April, so berichtete die liberale National-Zeitung am 1. Mai 1849, versetzte eine „große Anzahl junger Burschen" die Konstabler immer wieder in Unruhe: „[P]lötzlich hörte man verschiedene Notpfeifen der Schutzmänner schrillen." Eilten die Konstabler dorthin, „woher der Ton der Pfeife gekommen war, fanden [sie] keinen ihrer Kollegen vor." Sie waren Opfer eines politisch grundierten Schabernacks geworden. Entweder befanden sich, wie die National-Zeitung spekulierte, „die jungen Burschen im Besitze ähnlicher Pfeifen, wie sie die Schutzmänner haben, oder sie verstehen den Ton dieser Pfeife mit dem Munde nachzuahmen. Es entstand hieraus eine gegenseitige Jagd", die der Berliner Gassenjugend offenbar großen Spaß machte und bei der die Konstabler zumeist den Kürzeren zogen.

In den ersten Jahren nach dem Ende der Revolution kam es jeweils am 18. März zu säkularen Wallfahrten zum Friedhof der Märzgefallenen, an denen Tausende und anfangs sogar Zehntausende Berliner vor allem aus den Unterschichten teilnahmen. Am Vormittag und frühen Nachmittag gedachte man der gefallenen Barrikadenkämpfer. Anschließend, vom frühen Abend bis spät in die Nacht, so kann man in den Polizeiberichten nachlesen, kam es ebenso regelmäßig zu „Zusammenstößen" zwischen Konstablern und „Volkshaufen", die wiederum vor allem aus Jugendlichen bestanden. Das muss man sich ein wenig wie Kreuzberg (anfangs) nach den revolutionären 1.-Mai-Demos vorstellen – wobei die 1848er Jugendlichen (allerdings) keine Geschäfte plünderten. Hätten sie das getan, wäre das unweigerlich in den Polizeiberichten erwähnt und aufgebauscht worden.

21 Vgl. dazu den Beitrag von Manfred Gailus im vorliegenden Band.

Abbildung 8:
„Berlin im Belagerungszustand"

Je jünger, desto radikaler – warum?

Abschließend zu den beiden eingangs gestellten Fragen. Die erste: Warum ist es vor allem und immer wieder die Jugend, die auf grundlegende Veränderungen dringt und zum sozialen Träger der Emanzipationsbewegungen und Revolutionen wird?

Die Antwort auf die erste Frage liegt eigentlich auf der Hand: Sie haben die ganze Zukunft noch vor sich und beschränken sich nicht – wie ältere, ‚gesetzte' Bürger – auf die Absicherung eines individuellen Aufstiegs. Selbstredend sind außerdem Familiengründung und ökonomische Absicherung Gründe, warum sich Ältere eher mit den herrschenden Verhältnissen abfinden, gegenüber Vorgesetzten lieber den Mund halten und die Faust nur in der Tasche ballen. Vermeintliche Lebenserfahrung kann zum Ballast werden. Von vorgeblichen Lebensweisheiten der Alten wie: „Die da oben machen, was sie wollen", „Politik ist ein dreckiges Geschäft", „hat ja doch keinen Zweck" – lassen sich Jugendliche und junge Erwachsene nicht bremsen, oder sie sollten sich davon jedenfalls nicht bremsen lassen.

Natürlich sind Jugendliche und junge Erwachsene nicht überall und zu allen Zeiten rebellisch. Was es außerdem braucht, ist ein zukunftsgerichteter Optimismus, ein Fortschrittsglaube, der sich durch Bedenken und Vorhaltungen der älteren Generation nicht aufhalten lässt, und ein kritisches Bewusstsein, das Behauptungen, irgendwelche Konzepte und Perspektiven seien „alternativlos" oder „von Gottes Gnaden", nicht akzeptiert, nicht für bare Münze nimmt, sondern als das, was derartige Behauptungen tatsächlich sind: Versuche, die bestehenden gesellschaftlichen Verhältnisse auf eine simple Weise zu legitimieren.

Vor dem Thron halt machen oder ihn zertrümmern? Paris und Berlin im Vergleich – und die Sicht eines Schweizers

Was unterschied die Revolution in Deutschland von der in Europa? Vor allem den Franzosen, und hier – wie man schön sehen kann – der Pariser Jugend, fehlte der Respekt vor scheinbar gottgewollten Autoritäten. Diese Szene gibt es nicht nur als Karikatur.

Abbildung 9:
„Der Pariser Gassenjunge in den Tuilerien“ – auf dem Thron Louis Philippes

Gustave Flaubert hat sie literarisch verewigt, wenn er in „L'éducation sentimentale“ in seiner Schilderung der Ereignisse vom 24. Februar 1848 schreibt: Der jugendliche „Mob putzte sich höhnisch mit Spitzen und Kaschmir heraus, goldene Fransen wurden um Blusenärmel gewickelt, Hüte mit Straußenfedern schmückten die Köpfe“, „Bänder der Ehrenlegion“ werden zu „Gürteln“. Die ‚einfachen Leute’ vor allem der jüngeren Generationen, nicht nur Männer, auch Frauen, parodieren das Hofleben Louis Philippes. Sie geben, in Originalkostümen, ein wüstes ‚Hofkonzert' oder tun sich an den noch warmen Speiseresten der königlichen Hoftafel gütlich, die die überhastet geflohenen Minister zurückgelassen haben. Im Zentrum der Ereignisse steht der Thronsaal. Jeder will sich einmal auf dem Symbol der vergangenen Monarchie niederlassen. In einer langen Reihe warten Männer, Frauen und Kinder darauf, endlich dranzukommen und einen Augenblick auf dem großen, mit rotem Samt bezogenen Stuhl, Platz zu nehmen. Viele imitieren das Gehabe Louis Philippes. Einzelne Jugendliche springen auf dem Thron herum wie auf einem Trampolin. Am Nachmittag des 24. Februar wird der Thronsessel, Zentralsymbol der untergegangenen Bürgermonarchie, „von Pfiffen umgellt", aus dem Fenster geworfen. Vier „Arbeiter" heben den lädierten Sessel auf ihre Schultern und tragen ihn, an der Spitze einer größeren Demonstration, wie einen Sarg zur Place de la Bastille. Dort wird das Symbol der vergangenen Monarchie zertrümmert und schließlich verbrannt.[22]

In der preußischen Hauptstadt glaubten viele Berliner dagegen am 19. März, als die mehr als hundert blutigen, oft schlimm zugerichteten Leichen vor das Königsschloss getragen wurden, dass Friedrich Wilhelm IV. einen grundsätzlichen Sinneswandel durchgemacht habe, als er gegen 14 Uhr auf den Balkon tritt und vor den Leichen der gefallenen Barrikadenkämpfer seine Mütze zieht. „Von dieser Stunde an war", so artikulierte ein anonymer Zeitzeuge, was nicht alle, aber doch viele Berliner dachten, „die Umwandlung in dem Herzen des Königs [...] geschehen; das preußische Königthum war unwiderruflich von dem absoluten Throne gestiegen, die Stufen welche zu dem constitutionellen führen, waren gelegt. Größer und würdiger als das Pariser Volk hat das Berliner Volk seine Revolution vollzogen; dort haben sie den Thron des Königs [...] zerbrochen und den Flammen übergeben; hier [in Berlin] wurde ein größerer Sieg gefeiert, hier wurde das Herz des Königs gebrochen und einem Läuterungsfeuer übergeben, aus welchem dasselbe zu seinem und des Königs Heil wiedergeboren hervorgegangen ist."[23]
Welch ein Irrtum!

---

22 Alle Zitate: Gustave Flaubert, L'éducation sentimentale. Histoire d'un jeune (1869), hier in der Übersetzung von Emil Alfons Reinhardt: Die Erziehung des Herzens (1926), München 1979, S. 391 ff.

23 Nach: Adolf, Berliner Revolutionschronik. Darstellung der Berliner Bewegungen im Jahre 1848 nach politischen, socialen und literarischen Beziehungen, Bd. 1, Berlin 1851 (ND Leipzig 1979), S.249 f.

Abbildung 10:
„Andere Zeiten – andere Sitten“. Friedrich Wilhelm IV und die Berliner

Als man in der preußischen Metropole entdeckte, welcher Illusion man aufgesessen war, war es freilich zu spät. Nicht nur in Frankreich, auch in der Schweiz rieb man sich angesichts der Berliner und ihrer Illusionen in den Hohenzollernmonarchen verwundert die Augen. So schrieb der Schweizer Weber und Kleinbauer Johann Ulrich Furrer, nachdem er aus der Zeitung erfahren hatte, was sich am 19. und 20. März 1848 in der preußischen Hauptstadt abgespielt hatte, in sein Tagebuch, bei den Berlinern sei „es, wie mir scheint, mit dem, was man Verstand nennt, noch nicht weit her, das beweisen die Lebehoche für den König. In der Schweiz, glaube ich, hätte man es anders gemacht: Einem Mann, der vor wenigen Augenblicken noch Befehl gab, das Volk niederzuhauen, würde man nicht mit Vivetrufen, sondern mit Kugeln berauschen. Aber die einfältigen Leute glauben, dass die ganze Welt zugrunde ginge, wenn keine solchen Herren von Gottes Gnaden existieren würden.“[24]

24 Johann U. Furrer, Schweizer Ländli 1848. Das Tagebuch eines jungen Sternenbergers, hg. von Judith und Peter Gander-Argay, Stäfa 1998, S. 23 f.

In der Schweiz war man freilich schon seit Jahrhunderten keines Fürsten Untertan mehr. In Frankreich war der Respekt vor einem Monarchen von „Gottes Gnaden“, wie sich Friedrich Wilhelm IV. noch 1848 titulieren ließ, seit 1789 verflogen. 1830 jagte man erneut einen Monarchen zum Teufel, und Ende Februar 1848 musste Louis Philippe, der sich von seinen Untertanen „Bürgerkönig“ titulieren ließ, fluchtartig die französische Hauptstadt Richtung England verlassen, wo wenig später auch Metternich und der Prinz von Preußen eintrafen; letzterer kehrte freilich bereits im Juni nach Berlin zurück und machte sich 1849 als „Kartätschenprinz“ einen Namen.

Die preußisch-deutsche Revolution von 1848 machte vor den Thronen halt. Vor allem in den jüngeren Generationen schwand jedoch zunehmend der Respekt vor altehrwürdigen Symbolen und Traditionen. Diejenigen, die als junge Leute 1848 auf den Barrikaden gestanden und in den Vereinen oder den Parlamenten debattiert hatten, entwickelten ein ausgeprägtes Generationsbewusstsein. Auch hier werden Parallelen zu den Achtundsechzigern des 20. Jahrhunderts sichtbar.[25]

25 Vgl. dazu den Beitrag von Christian Jansen im vorliegenden Band.

Sylvia Paletschek
Revolutionärin, Spionin, Abenteurerin – die verwirrende Biographie der Lucie Lenz

Wie wollen wir heute an 1848 erinnern – das ist eine Leitfrage dieser Vortragsreihe. Davor steht allerdings noch eine grundsätzlichere Frage: an was wollen wir erinnern, wenn wir der Revolution 1848 gedenken? Geschichte und das, was wir als solche konstruieren und aus dem großen Vergangenheitsfundus herausgreifen, hat immer mit Orientierungsbedürfnissen in der heutigen Gegenwart zu tun. Über unsere heutige Fragen und Bedürfnisse treten wir in einen Dialog mit der Vergangenheit und machen diese so erst relevant für uns. Was erinnern wir also, wenn wir uns mit der Geschichte der Lucie Lenz, einer in Brandenburg geborenen Berliner Revolutionärin, beschäftigen? Einmal erinnern wir die Frauen in der Revolution, die man – ähnlich wie Bauern, Bürgertum oder untere soziale Schichten –, als eine Trägergruppe der Revolution begreifen kann. Mit Lucie Lenz erinnern wir exemplarisch erste politisch aktive und emanzipierte Frauen, schließlich war sie Mitglied des Berliner demokratischen Frauenvereins. Lange Zeit wurde Lucie Lenz in der Forschung daher auch als bekannte, sozial engagierte Berliner Demokratin gewürdigt.[26] Damit wäre sie eine Identifikationsfigur für starke Frauen, würde heutige feministische Forderungen in eine lange Traditionslinie stellen und ihnen so Legitimation verleihen. Doch das ist nicht die ganze Geschichte der Lucie Lenz. Es ist eine mögliche, aber höchst selektive und verkürzte Perspektive auf ihre Lebensgeschichte. Lucie Lenz war nämlich nicht nur eine Demokratin und Feministin, sondern auch eine Abenteurerin und Spionin. Wenn wir sie erinnern, thematisieren wir auch das Schillernde und Vielschichtige, die Nicht-Eindeutigkeit und die Schattenseiten der revolutionären Protagonisten. Es geht, wie wir gleich sehen werden, nicht nur um demokratische und sozialpolitische Forderungen, sondern um *sex and crime*, um Glamour und sozialen Aufstieg sowie um die Verbindungen zwischen Revolution und Reaktion. Gleichzeitig werden am Beispiel der Lucie Lenz auch typische Facetten des demokratisch-oppositionellen Milieus der 1848er sichtbar: so z. B. dessen enge personelle Vernetzung über Freundschaften, Liebesbeziehungen

26 Gerlinde Hummel-Haasis (Hg.), Schwestern, zerreißt eure Ketten. Zeugnisse zur Geschichte der Frauen in den Revolutionen von 1848/49, München 1982, S. 10, S. 13f., S. 58f.

und Heiraten, seine hohe Mobilität oder die Suche nach neuen Strategien der Lebensbewältigung, seien diese nun alternative Heilmethoden oder die Phrenologie.

Im Folgenden will ich mich mit der Geschichte einer Frau beschäftigen, die ich die meiste Zeit als Lucie Lenz ansprechen will. Hier beginnt schon die erste Schwierigkeit, nämlich die ihrer namentlichen Identität. Lucie Lenz war nur einer ihrer vielen Namen. Es war der Name, den sie im Revolutionsjahr benutzte und unter dem man sie in der Revolutionsbewegung und in der Öffentlichkeit 1848 kannte. Im Zeitraum zwischen 1845 und 1863 bediente sie sich sechs verschiedener Nachnamen – Lorenz, Lenz, von Kröcher, de Paula-Bizonfy, von Paula, de Paula –, die sie mit vier verschiedenen Vornamen kombinierte: Louise, Lucie, Luitgard, Helene. Und sie nannte unterschiedliche Geburtsorte – Wittstock, Eichenfelde, Techow, Grabow –, und verschiedene Geburtsdaten – den 21., 30. oder 31. Oktober sowie Geburtsjahre zwischen 1824 und 1828.

Meine Hauptquelle in der Rekonstruktion ihrer abenteuerlichen Biographie ist eine relativ umfangreiche Polizeiakte mit der Aufschrift: „die angebliche Schriftstellerin Lucie Elise Lenz alias Lorenz, verwitwete Legationsräthin von Kröcher geb. von Kröcher und jetzt verehelichte Professor de Paula Bizonfy" (vgl. Abb. 11).[27] Der Akte nach zu schliessen kam Lucie Lenz viermal mit der Polizei in Berührung. 1848 in Berlin, 1854 in Dresden, 1856 in Berlin-Charlottenburg und 1857/58 in Breslau. Mehrfache Gründe liessen sie ins Visier der Polizei gelangen: jedes Mal ging es um ihre Identität, um fehlende Ausweispapiere, um den Vorwurf, widerrechtlich einen Adelstitel zu führen und unter einem falschen Namen zu leben sowie natürlich um den Verdacht der politischen Betätigung – 1848 für die Revolutionsbewegung und 1854 in Dresden für die panslawische Bewegung. In diesen Verhören präsentierte sie jedesmal eine andere Version ihrer Lebensgeschichte. Der Grund hierfür war vermutlich taktischer Natur und in der Notwendigkeit begründet, ihre jeweilige Identität aufrecht zu erhalten und ihre strafrechtlichen Vergehen, so sie bestanden, zu vertuschen. Allerdings vermutete der Polizeibeamte, der 1848 in Berlin mit ihrem Verfahren betraut war, dass sie eine notorische Lügnerin und geistig nicht zurechnungsfähig sei. Diese Quellenlage macht es schwer, aber auch faszinierend und spannend, ihre Lebensgeschichte zu rekonstruieren.

27 Polizeiakte von Lucie Lenz ehemals StA Potsdam, nun im Landesarchiv Berlin (LAB), Rep. 30 Berlin, C.Pol.Präs. Tit. 94, Lit: K, Nr. 565 (im folgenden zit. als Polizeiakte LL).

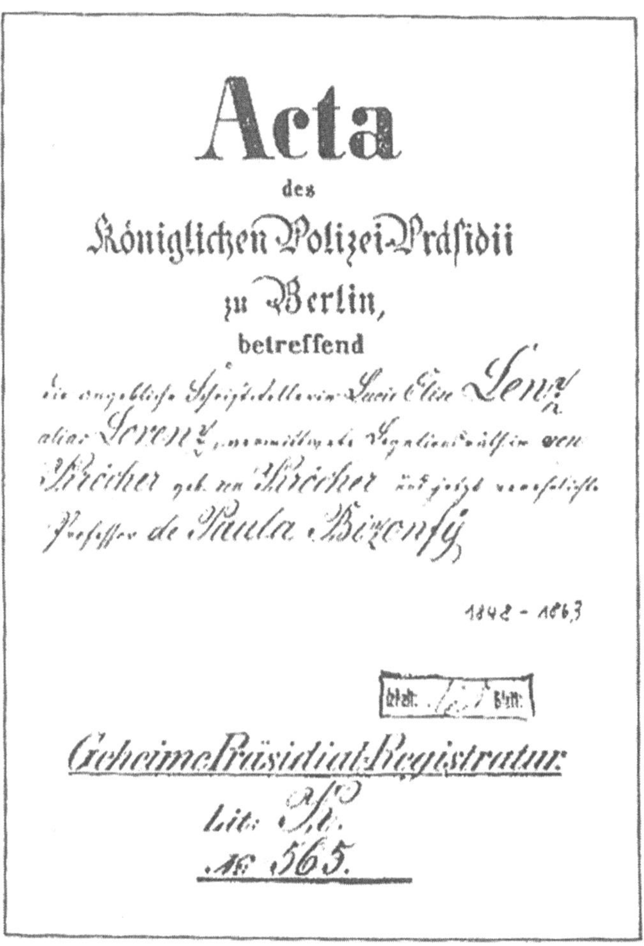

Acta

des

Königlichen Polizei-Präsidii

zu Berlin,

betreffend

1848 - 1863

Geheime Präsidial-Registratur:

Lit: L.

No 565.

Abbildung 11:
Deckblatt der Polizeiakte Lucie Lenz

Was Sie im Folgenden lesen, ist der Rekonstruktionsversuch einer mehrschichtigen Biographie – der Übersichtlichkeit wegen unterteilt in fünf zeitliche und räumliche Stationen. Abschließend will ich überlegen, was der Sinn und Zweck sein könnte, sich mit der Geschichte der Lucie Lenz zu beschäftigen, außer dass sie unterhaltsam und spannend ist. Ich beschränke mich darauf, die nach Abwägung der zur Verfügung stehenden Quellen plausibelste Version ihrer Geschichte zu präsentieren, und verzichte darauf, die von ihr präsentierten verwirrenden und schwer zu überblickenden Versionen ihrer Lebensgeschichte im Detail vorzustellen.[28]

Station 1 –
Zeit: 1824 bis Februar 1848, Orte: Wittstock, Berlin, Wien, Berlin. Luitgard Lorenz alias Lucie Lenz, ein Mädchen aus der Unterschicht, Geliebte, uneheliche Mutter, Gesellschafterin, Schriftstellerin und/oder geisteskranke Schwindlerin

Lucie Lenz wurde dem Kirchenbuch zufolge als Luitgard Lorenz am 21. Oktober 1824 in der Nähe von Wittstock in der Prignitz als Tochter eines Barbiers geboren. Sie selbst behauptete in den Verhören, dass sie bei Stiefeltern aufwuchs und die uneheliche Tochter des Landrats aus der Ostprignitz in Kyritz, von Kröcher und einer Stiftsdame des Klosters Heiligengrabe sei. Anfang 1844, im Alter von etwa 20 Jahren, ging sie nach Berlin, wo sie als Hausmädchen arbeitete und im königstädtischen Theater sang. Im August 1845 bekam sie ein uneheliches Kind, das sie zu Pflegeeltern gab. Der Vater war wahrscheinlich ein Kaufmann aus der Königstraße, der sie, so Lucie Lenz, betrogen hatte, da er ihr die Ehe versprach, aber bereits verheiratet war. Für kurze Zeit führte sie ein Putzmachergeschäft in der Gertraudenstraße, das ihr vermutlich vom Tapezierer Timpel, mit dem sie „in besonderen Verhältnissen gelebt", eingerichtet worden war. Während ihrer ersten beiden Jahre in Berlin zog sie zehnmal um, wohl auch, weil sie Schulden bei den Nachbarn hatte. Dies kann als Indiz für ihre in dieser Zeit prekäre ökonomische und soziale Situation gewertet werden. Seit 1846 jedoch mietete sie eine eigene Wohnung und ihre Lage hatte sich, vermutlich durch einen wohlhabenden Liebhaber oder Gönner, gebessert. Nach einer nachträglich eingeholten Auskunft des Polizeibeamten vor Ort hätte sie in dieser Zeit „eigentlich gar nichts" getan: „Sie war den ganzen Tag nicht zu Hause, verkehrte viel mit Mannspersonen, und hat den Ruf einer Schwindlerin hier zurückgelassen."[29]

---

28 Wer sich für weitere Details ihres Lebenslaufs interessiert kann das ausführlicher nachlesen in: Sylvia Paletschek, Wer war Lucie Lenz? In: WerkstattGeschichte 20/1998, S. 31-58; Sylvia Paletschek, Lucie Lenz (vermutlich 1826-?). Wandlerin zwischen den Welten: Revolutionärin, Agentin, Abenteurerin, in: Helmut Bleiber/Walter Schmidt/Susanne Schötz (Hg.), Akteure des Umbruchs. Männer und Frauen der Revolution von 1848/49, Bd. 2, Berlin 2007, S. 291-330. Demnächst soll von Mary Lee Townsend eine umfangreiche Biographie zu Lucie Lenz erscheinen.

29 Polizeiakte Lucie Lenz (LL), Bl. 16, 19.

Im September 1847 verließ sie Berlin – weil ihr, wie sie sagte, ihr früherer Liebhaber immer noch nachstellte, und ging nach Wien, wo sie als Gesellschafterin einer Gräfin Nemes arbeitete. Hier kam sie in Kontakt mit der besseren Gesellschaft, mit Schriftstellern, und sie begann wohl auch selbst zu schreiben. Zumindest hatte sie sich an einen Verleger gewandt, der jedoch das Interesse an ihr verlor, als er merkte, dass sie sich fälschlicherweise für die Autorin des Buches „Diogena" ausgegeben hatte. Im Januar 1848 begleitete sie die Gräfin Nemes auf einer Reise, deren erste Station Berlin war. Sie nannte sich jetzt Lucie Lenz und es gelang ihr, über Empfehlungen des bekannten Wiener Schriftstellers Castelli, Kontakt zu den höheren Kreisen von Berlin zu bekommen, so zu Ludwig Tieck, Alexander von Humboldt, Kammerherr Graf Dönhof, Kammerherr von Bülow und Professor von Raumer. Diese Männer – viele von ihnen schon um die 70 Jahre alt – waren bekannte Persönlichkeiten des kulturellen und politischen Lebens in Berlin, mit Verbindungen zum Hof, aber auch zur liberalen Bewegung, wie z. B. Humboldt oder Raumer.

Ende Februar 1848 geriet Lucie Lenz das erste Mal ins Visier der Polizei. In Paris war am 23./24. Februar die Revolution ausgebrochen. Vermutlich verstärkten die Beamten in Berlin deshalb die Kontrolle von Fremden oder erst kürzlich Zugezogenen. Am 27. Februar wurde Lucie Lenz auf die Polizei beordert, wo sie keine Ausweispapiere vorweisen konnte. Sie gab an, im Paß der Gräfin Nemes mit aufgeführt zu sein, die jedoch ohne sie nach Paris weitergereist und dort plötzlich verstorben sei. Ausweispapiere hatten zu dieser Zeit nur Menschen, die außerhalb ihres Wohnorts unterwegs waren. Die Pässe wurden von der Polizeistation am Wohnort befristet für eine bestimmte Reiseroute ausgestellt. Sie erhielten kurze – für uns heute sehr vage – Personenbeschreibungen. Aus einem späteren Pass von Lucie Lenz geht ihre Personenbeschreibung hervor: „Alter: 25 Jahr, Größe: 5 Fuß 2 Zoll, Haare: braun, Augen: blau, Mund: proportioniert, Kinn: rund, Gesicht: länglich, Gesichtsfarbe: gesund, Statur: schlank, besondere Kennzeichen: keine."[30] Dass Familienangehörige oder Dienstboten im Paß mit aufgeführt wurden, war eine gewöhnliche Praxis. Während der Revolution wurden die Ausweiskontrollen verschärft, doch tatsächlich wurde nur an einigen zentralen Grenzübergängen oder Eisenbahnknotenpunkten regelmäßiger kontrolliert. Deshalb waren es vor allem die lokalen Polizeibeamten, denen ‚verdächtige' Fremde zuerst auffielen oder denen diese von Spitzeln gemeldet wurden. Seit dem Anwachsen der politisch-oppositionellen Bewegung in den dreißiger und vierziger Jahren des 19. Jahrhunderts hatten die deutschen Staaten ihr Überwachungssystem ausgebaut und vermut-

30 Ebd., Bl. 56.

lich war es ein Informant, der Lucie Lenz als neu, in das Haus Koch-/Ecke Charlottenstraße, Zugezogene verdächtig fand und meldete.

Lucie Lenz konnte auf der Polizei keine Ausweispapiere vorweisen. Als sich herausstellte, dass sie auch keine Audienz bei der Prinzessin hatte, wie sie vorgab und bereits 1844 bis 1847 in Berlin unter dem Namen Lorenz gelebt hatte, fingierte sie, so der Befund des herbeigerufenen Arztes, in der Untersuchungshaft einen Selbstmordversuch. In ihren Ermittlungen kam die Polizei zu dem Schluss, dass sie vermutlich geisteskrank und eine Schwindlerin sei. Sie wurde freigelassen. Aus den Kladdenbemerkungen ihrer Akte geht jedoch auch hervor, dass schon zu diesem Zeitpunkt der damalige Berliner Polizeipräsident Minutoli von ihrem Fall Kenntnis hatte.[31]

Zu diesem Zeitpunkt ihrer Biographie – Ende Februar 1848 – können wir festhalten, dass Lucie Lenz als Louise Lorenz mit etwa 20 Jahren, wie vermutlich viele andere junge Frauen, aus Not oder mit dem Wunsch nach sozialem Aufstieg vom Land nach Berlin zog. Sie bestritt ihren Lebensunterhalt als Hausmädchen, Putzmacherin, Choristin und wohl auch als Gelegenheitsprostituierte und wurde, ebenfalls nicht untypisch für junge ledige Frauen der unteren sozialen Schichten, unehelich schwanger. Ungewöhnlich war, dass es ihr sowohl in Wien wie dann 1848 in Berlin gelang, bereits in jungen Jahren Zugang zur besseren Gesellschaft zu erlangen. Sie verfügte vermutlich über eine gewisse Bildung oder konnte sich diese rasch aneignen, als sie in Kontakt mit gebildeten Kreisen kam. Warum sie, als sie im Januar 1848 wieder von Wien nach Berlin zurückkehrte, dort unter dem neuen Namen Lucie Lenz auftrat, darüber kann nur gemutmaßt werden: Lucie Lenz war klangvoller als ihr vorheriger Namen, zumal sie beabsichtigte, als Schriftstellerin zu reüssieren. Der neue Name könnte aber auch Sympathien für die nationale Bewegung und den ‚Völkerfrühling' ausgedrückt haben und damit ein politisches Statement gewesen sein. Oder sie wählte ihn schlicht deshalb, weil sie unter dem Namen Louise Lorenz noch Schulden in Berlin hatte und untertauchen wollte.

Station 2 – Zeit: Februar bis Dezember 1848, Ort: Berlin. Lucie Lenz als Revolutionärin, Feministin und Spionin

Nur gerade drei Monate nach ihrem ersten Polizeiverhör treffen wir Lucie Lenz im Juni 1848, der zweiten, heißen Phase der Revolution, wieder – nun als bekannteste Berliner Revolutionärin und Leitfigur des Berliner Demokratischen Frauenver-

31 Ebd., Bl. 18, 19.

eins.[32] Wie die Zeitung ‚Der Demokrat' berichtete, übergab Lucie Lenz am 4. Juni stellvertretend eine von den Berliner demokratischen Frauen in den Farben der Revolutionsbewegung gestickte rote Fahne mit goldenen Fransen und schwarzem Band, die auf der anschließend stattfindenden großen Demonstration zum Friedrichshain von den Berliner Demokraten mitgeführt werden sollte.[33] Fahnensticken und die feierliche Übergabe waren typische Aktionsformen demokratischer Frauen, mit denen diese materiell und symbolisch ihre Unterstützung der Revolution bekundeten.[34]

Bei der Fahnenübergabe hielt Lucie Lenz, so der zeitgenössische Zeitungsbericht, mit „tiefbewegter Stimme" eine Ansprache: „Meine Herren! Ich habe die Ehre, im Auftrage der hier anwesenden Damen Ihnen die begeisterte Teilnahme derselben an Ihrem Club auszusprechen, verschmähen Sie es nicht, durch mich die Sprache des Herzens, der Begeisterung für die ungeschminkte Wahrheit zu vernehmen. Unter dieser Fahne kämpfen Sie fort mit den Waffen des Geistes, und wenn es Noth thut, mit dem Schwerdt in der Hand. Unter dieser Fahne werden Sie siegen oder sterben. Wenn diese Fahne auf den Straßen weht, weiche Jeder zurück, der nicht entschieden ist, Gut und Blut für die Sache der Freiheit, für die Rechte des Volkes zu opfern. In diesem Sinne überreiche ich Ihnen diese Fahne, im Vertrauen, daß Sie stets die reine Demokratie, das Interesse und die Freiheit des gesammten Volkes vertreten werden."

Der Berichterstatter fuhr fort: „Den Eindruck, den diese ergreifende Stimme (d)es Mädchens [...] auf die Umstehenden machte, ist unbeschreiblich. Die Männer, welche als Dank für ihr redliches und entschiedenes Wirken so viel Hohn und Verläumdung ertragen hatten, fühlten in diesem feierlichen Moment, daß ein Sonnenblick aufrichtiger Anerkennung alle Bitterkeit überwindet." [35]

Nach der Fahnenübergabe nahm Lucie Lenz mit anderen Frauen an der großen Demonstration zum Friedrichshain teil, die an die Gefallenen der Barrikadenkämpfe im März erinnern und gleichzeitig die Stärke der Revolutionsbewegung zeigen

32 Zur Berliner Revolution vgl. Rüdiger Hachtmann, Berlin 1848. Eine Politik- und Gesellschaftsgeschichte der Revolution, Bonn 1997.

33 Der Demokrat, Nr. 6, zit. nach: Adolf Wolff, Berliner Revolutionschronik im Jahre 1848 in politischer, sozialer und literarischer Beziehung, Bd.1, Berlin 1851-1854, S. 265. Abdruck auch in: Hummel-Haasis, S. 14f.

34 Zu Partizipationsformen von Frauen in der Revolution 1848/49 vgl. Gabriella Hauch, FrauenRäume in der Männerrevolution 1848, in: Dieter Dowe, Heinz-Gerhard Haupt, Dieter Langewiesche (Hg.), Europa 1818. Revolution und Reform, Bonn1998, S. 841-900; Carola Lipp (Hg.), Schimpfende Weiber und patriotische Jungfrauen. Frauen im Vormärz und in der Revolution 1848/49, Moos/Baden-Baden 1986; Rüdiger Hachtmann, „nicht die Volksherrschaft auch noch durch Weiberherrschaft trüben" – der männliche Blick auf die Frauen in der Revolution von 1848, in: WerkstattGeschichte 20/1998, S. 5-30.

35 Der Demokrat 6, 1848, zit. nach: Hummel-Haasis, S. 14f.

sollte. Zeitgenossen waren geteilter Meinung über den Frauenblock in der Demonstration. Während die einen sie mit Beifall begrüßten, so der Chronist Adolf Streckfuß, missbilligten andere wie etwa die Schriftstellerin und Liberale Fanny Lewald die Aktion: „Ein Trupp berittener Bürgerwehr eröffnete den Zug. Dann kamen Frauen und Töchter der Mitglieder des Demokratischen Clubs. Sie wurden vom Volk nicht ohne Befremden betrachtet; denn ... ihr persönliches Auftreten in der Volksmasse liegt außerhalb des deutschen Charakters und sollte deshalb nicht absichtlich hervorgerufen werden...".[36] Als der Demonstrationszug bei den Gräbern am Friedrichshain angekommen war, überreichte Lucie Lenz dem ersten Redner, Graf von Reichenbach, einen Lorbeerkranz.

Wenige Tage nach der Demonstration beschloss der demokratische Club, Sammlungen für die hungernden Arbeiter zu veranstalten. Lucie Lenz erklärte sich zusammen mit den demokratischen Frauen dazu bereit, Beiträge zu sammeln und die Aktion zu organisieren (vgl. Abb.12). Nach der Demonstration zum Friedrichshain war die Stimmung in der Stadt aufgeheizt und es kam gut eine Woche danach, am 14. Juni, zum Sturm auf das Berliner Zeughaus und zu Waffenplünderungen.[37] Lucie Lenz beteiligte sich in Männerkleidung an dieser spontanen Revolte, was großes Aufsehen erregte. Sie entwendete angeblich ein Gewehr, wurde verhaftet, aber gleich wieder freigelassen.

Nach dieser turbulenten Juniwoche nahm die Öffentlichkeit erst wieder im Herbst 1848 von Lucie Lenz Notiz, da sie nun mehrfach Reden in dem am 14. September 1848 gegründeten Demokratischen Frauenverein hielt. Dem Verein gehörten etwa 150 Frauen an, vermutlich vorwiegend aus dem mittleren und gehobenen Bürgertum sowie dem Kleinbürgertum. Ziel des Vereins war es, sich um die Verbesserung der sozialen Lage der Unterschichtsfrauen zu kümmern; konkret sollten verarmte Näherinnen unterstützt werden, um sie vor dem Weg in die Prostitution zu bewahren. Die von Lucie Lenz im Demokratischen Frauenverein gehaltenen Reden wurden vielfach in der Presse kommentiert. Sowohl die *Frauen-Zeitung* von Louise Otto, das Publikationsforum der sich seit Mitte der vierziger Jahre formierenden frühen Frauenbewegung, als auch die Berliner demokratische Presse rühmten das Redetalent von Lucie Lenz. Sie betonten immer wieder ihre Jugend und ihre „von reinem Enthusiasmus durchwehten Worte",[38] die in ihrer Bedeutung durch die „anmuthige, edle Haltung der schönen Rednerin" noch mehr gehoben wurden, so etwa das radikaldemokratische Blatt *Berliner Zeitungshalle*.[39]

---

36 Fanny Lewald zit. nach: ebd., S. 15.
37 Zum Zeughaussturm vgl. Hachtmann, Berlin 1848, S. 574-604.
38 Frauen-Zeitung, Nr. 2, 28. April 1849.
39 Hachtmann, Nicht die Volksherrschaft ... durch Weiberherrschaft trüben, Anm. 36, S. 21.

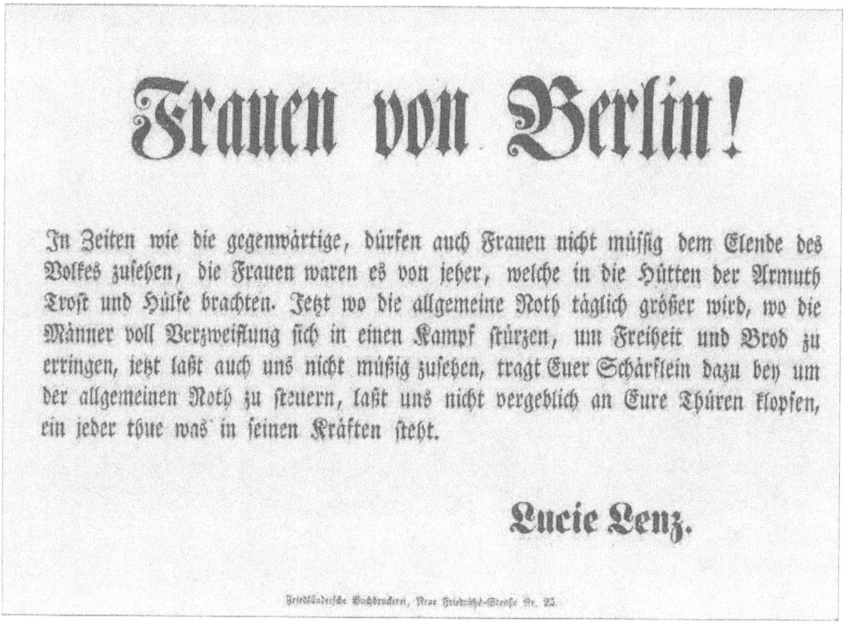

Frauen von Berlin!

In Zeiten wie die gegenwärtige, dürfen auch Frauen nicht müssig dem Elende des Volkes zusehen, die Frauen waren es von jeher, welche in die Hütten der Armuth Trost und Hülfe brachten. Jetzt wo die allgemeine Noth täglich größer wird, wo die Männer voll Verzweiflung sich in einen Kampf stürzen, um Freiheit und Brod zu erringen, jetzt laßt auch uns nicht müßig zusehen, tragt Euer Schärflein dazu bey um der allgemeinen Noth zu steuern, laßt uns nicht vergeblich an Eure Thüren klopfen, ein jeder thue was in seinen Kräften steht.

Lucie Lenz.

Friedländerische Buchdruckerei, Neue Friedrichs-Straße Nr. 25.

Abbildung 12:
„Frauen von Berlin!“ Aufruf von Lucie Lenz

War Lucie Lenz für die einen die schöne, redegewandte Demokratin, so war sie für die satirischen Blätter die Symbolfigur, mit der stellvertretend die Frauenvereine und die öffentliche Beteiligung von Frauen an der Revolution kritisiert und lächerlich gemacht wurden. Es kursierten zahlreiche Satiren und Karikaturen über Lucie Lenz, die sie (und damit auch die Tatsache weiblicher Teilnahme an der Revolution) in der Öffentlichkeit bekannt machten. Auch in ihrer Polizeiakte findet sich eine dieser Karikaturen „Das politische Leben der Frau Lucie. Die berühmte Lucie, von der man in allen Straßen spricht, wird Präsidentin des weiblichen Volksclubs für Menschenrechte“ (vgl. Abb. 13). Die Karikatur zeigt sie auf der Rednertribüne, umgeben von Pfeife rauchenden und Bier trinkenden Frauen. Dieses Bild griff, ebenso wie viele andere Karikaturen, auf bereits in der französischen Revolution ausgebildete Stereotype zurück, mit denen politisch aktive Frauen lächerlich gemacht wurden. Die Karikaturen zeigen, wie ungewöhnlich, befremdend und partiell bedrohlich es für viele Zeitgenossen war – nicht nur für die Konservativen, auch für Teile der Liberalen und Demokraten –, wenn bürgerliche Frauen in der Öffentlichkeit politisch aktiv wurden.

Abbildung 13:
Das politische Leben der Frau Lucie

Kritisiert wurde Lucie Lenz aber nicht nur in der konservativen und satirischen Presse. Louise Aston, Schriftstellerin und Revolutionärin, verriss in ihrer Zeitschrift *Der Freischärler* die von Lucie Lenz gehaltenen Reden als „jämmerliche Gemeinplätze", „eklatanteste Oberflächlichkeit" und „sentimentale Frivolität". Entweder müsse man „sehr viel oder gar keinen Verstand haben", um ihren Emanzipationsparolen folgen zu können.[40] Dass Lucie Lenz nicht nur Revolutionärin sei, wurde ebenso schon früh vermutet: So zählte ein Korrespondent der Zeitschrift *Eu-*

40 Louise Aston, Der demokratische Frauenklub und die Frauenemanzipation, in: Der Freischärler, Nr.1, 1. Nov. 1848. Wiederabdruck in: Germaine Goetzinger, Für die Selbstverwirklichung der Frau: Louise Aston. In Selbstzeugnissen und Dokumenten, Frankfurt 1983, S. 203-204.

ropa Lucie Lenz zu den Emanzipierten, die „in genauer Verbindung mit der Linken sind, und gelegentlich auch einige Vermittlungsversuche zwischen den Demokraten und Reaktionären fördern."[41]

Lucies revolutionäres Engagement im Sommer und Herbst des Revolutionsjahres 1848 endete recht abrupt. Mit einer Order des Berliner Polizeipräsidenten vom 9. Dezember wurde sie aus Berlin ausgewiesen; würde sie Berlin nicht verlassen, drohe ihr die Verhaftung.

Wie ist nun ihre Rolle im Revolutionsjahr 1848 einzuschätzen? Als Lucie Lenz 1857 in Breslau verhört wurde, stritt sie ihr revolutionäres Engagement 1848 rundheraus ab, vermutlich auch, um sich nicht zu belasten: „Wenn ich im Interesse der Regierung und um dem Herrn von Minutoli [Berliner Polizeipräsident, S.P.] mich dienstbar zu erweisen, mich bei den Versammlungen, Klubs usw. der Democratie in Berlin betheiligt habe und deshalb oft unrichtig beurtheilt worden bin, so kann ich mir das mal gefallen lassen, da mein Bewußtsein mir sagt, daß ich ohne jedes persönliche Interesse und lediglich um dem allgemeinen Wohle und speciell Sr. Majestät dem König nützlich zu sein so gehandelt habe".[42] Außer den Berliner Polizeipräsidenten Minutoli und Bardeleben könnten dies Oberhofmarschall Dönhoff sowie Feldmarschall von Wrangel bezeugen.

Dieser im Verhör gemachten Aussage widersprach der Berliner Polizeipräsident von Zedlitz. Lucie Lenz habe sich „1848 als eine entschiedene Anhängerin der Democraten" gezeigt, der es gelang, sich die Bekanntschaft hochgestellter Männer zu verschaffen. Obwohl sie einen falschen Namen benutzte und sich in ihrem Auftreten ganz als Abenteuerin zeigte, wurde sie „hier geduldet, und obwohl aktenmäßig darüber nichts feststeht, scheint sie wegen ihrer Verbindungen zu den Democraten und ihrer entschiedenen Begabung für Intriquen, als politische Agentin benutzt worden zu seyn." Im Dezember 1848 erschien es geraten, sie „von hier zu entfernen. Sie ging nicht freiwillig [...], indeß scheint ihr zu ihrem weitern Fortkommen, allerhand Vorschub und Rücksicht auf die Verwendung, die man hier von ihr gemacht hat, geworden zu seyn."[43] Lucie Lenz war 1848 also beides: Revolutionärin und Spionin. Es ist denkbar, dass sie sich durch ihre soziale Situation als ledige Frau aus der Unterschicht, die sich mit diversen Tätigkeiten bis hin zur Prostitution über Wasser hielt, mit den Zielen der Revolution wie auch der frühen Frauenbewegung identifizierte und sich im Revolutionsjahr entsprechend politisierte. Ihre intel-

---

41 Frau Aston und die politischen Blaustrümpfe. Ein Korrespondenzartikel in der Europa, in: Europa 84, 1848, 6. Okt. 1848, S. 336; Abdruck in Goetzinger, Für die Selbstverwirklichung, S. 125f.

42 Polizeiakte LL, Bl. 72ff; Verhör von Lucie Lenz alias Helene de Paula Bizonfy in Breslau am 12. Juli 1857.

43 Ebd.; v. Zedlitz an v. Kehler, Berlin, 17. Juli 1857, Bl. 72ff.

lektuellen Fähigkeiten, die Bildung, die sie sich vermutlich auch durch ihre Bekanntschaft mit höheren und gebildeten Kreisen angeeignet hatte, ermöglichten es ihr, öffentlich Reden zu halten. Ihr gewandtes Auftreten, ihre Jugend und Schönheit taten ein Übriges, um sie zur weibliche Gallionsfigur der Berliner Revolution und frühen Frauenbewegung zu machen. Dass die Polizei sie zur Spionage zwang, sie im Gegenzug dafür nicht weiter verfolgt wurde und Ausweispapiere sowie materielle Unterstützung erhielt, ist denkbar, ebenso aber auch, dass sie sich, aus Abenteuerlust und um sich soziales und materielles Kapital zu verschaffen, als Agentin anbot. Da üblicherweise Angaben zu Spionagetätigkeiten keinen Eingang in die Akten fanden oder Hinweise darauf entfernt wurden, ist es auch nicht weiter verwunderlich, dass sich hierzu in den Akten Polizeiuntersuchungen des Jahres 1848 nichts niedergeschlagen hat.

Station 3 – Zeit: 1849 bis 1855, Orte: Köln, Berlin und Dresden. Lucie Lenz alias verwitwete Helene von Kröcher, geb. von Kröcher, Mutter zweier Söhne und Schriftstellerin

Als Lucie Lenz gezwungen wurde, Berlin zu verlassen, war sie schwanger. Unter dem Namen Helene von Kröcher ging sie nach Köln, wo ihr Sohn Friedrich im Juli 1849 geboren wurde. Vermutlich erhielt sie ihren Paß auf den Namen Helene von Kröcher unter Mithilfe der preußischen Behörden. Nach knapp zwei Jahren verließ sie Köln und zog im Oktober 1850 erneut nach Berlin. Dort wurde ein gutes Jahre später im November 1851 ihr Sohn Rudolph geboren und in Alt-Schöneberg getauft. Die Taufpaten – der Intendant der Berliner Hofmusik, Graf von Redern, ein Professor Habicht sowie eine Baroness von Platen – gehörten der besseren Berliner Gesellschaft an.[44] Als Vater des Kindes gab sie ihren sieben Monaten zuvor verstorbenen Ehemann und Cousin Legationsrat von Georg von Kröcher an, den sie, ebenfalls eine geborene von Kröcher, 1849 geheiratet hätte. Da damals Ehen innerhalb der weiteren Verwandtschaft keineswegs ungewöhnlich waren, löste Lucie Lenz mit diesem Trick zwei Probleme: sie verdeckte die uneheliche Geburt ihrer Söhne und sicherte sich selbst den unabhängigen Status einer respektierten Witwe.

Fast zwei Jahre lange lebte sie „still und ruhig“ in Berlin, wo sie ein „ziemlich großes Haus gemacht“ habe, bis sie im Oktober 1853 nach Dresden ging. Dort geriet sie im November 1854 erneut in Schwierigkeiten mit der Polizei. Da ihre zwei Söhne nicht in ihren Pass eingetragen waren, erkundigte sich der Dresdner Polizei-

44 Ebd., Bl. 30-38.

beamte nach der Dauer ihrer Witwenschaft. Die Auskunft der Berliner Polizei, dass ihre Söhne in der dortigen Meldekarte vermerkt seien, stellte die Dresdner Polizei nicht zufrieden, da „die Verhältnisse dieser Dame, die fortwährend im Dunkeln geblieben sind, allerdings sehr geeignet erscheinen, die polizeiliche Aufmerksamkeit zu erregen.“[45] Dem Dresdner Polizeipräsidium sei aus vertraulicher Quelle zugetragen worden, dass ein Legationsrat von Kröcher nie existiert habe, dass die beiden Kinder unehelich geboren seien und einen hohen preußischen Beamten als Vater hätten. Als der Berliner Polizeibeamte daraufhin die Taufpaten des jüngsten Sohnes verhören wollte, wurde er von seinen Vorgesetzten daran gehindert und lediglich eine Abschrift der Taufurkunde nach Dresden geschickt. Diese Reaktion war typisch für ihre Zusammenstöße mit der Polizei auch in den folgenden Jahren in Berlin und Breslau: untere Polizeibeamte wurden wegen unvollständiger Papiere und Gerüchten, sie sei eine Revolutionärin oder Hochstaplerin, auf sie aufmerksam. Doch sobald die höheren Behörden von der Untersuchung erfuhren, stoppten sie diese.

Um diese Station zusammenzufassen: zwischen 1849 und 1854 lebte Lucie Lenz als wohlhabende, adelige Witwe mit zwei Söhnen, die, wie sie später angab, viel las und schriftstellerisch arbeitete. In Berlin beschäftigte sie ein Haus- sowie ein Kindermädchen, in Dresden kam ein Dienerehepaar hinzu. Während dieser Zeit machte sie immer wieder Reisen, so in die Schweiz, nach Frankreich oder sie besuchte Kurbäder wie Salzbrunn oder Marienbad.

Station 4 – Zeit: 1855 bis 1857, Orte Zürich, London, Berlin, Dresden und Breslau. Lucie Lenz alias Frau Professor de Paula Bizonfy, nun verheiratet mit einem ungarischen Revolutionär, wird verdächtigt, Kopf der slawischen Bewegung in Breslau zu sein

1855 ging Lucie Lenz auf Reisen und lernte in Zürich den exilierten ungarischen Revolutionär Franz de Paula Bizonfy kennen. Dies kann als ein Anzeichen dafür gewertet werden, dass sie weiterhin in demokratisch-oppositionellen Kreisen verkehrte. Kurze Zeit später heiratete sie ihn in London. Bizonfy war Arzt und Schriftsteller, lebte im Exil in Großbritannien, schrieb für die *Times* und verfasste das erste ungarisch-englische Wörterbuch. Die Ehe scheiterte nach ganz kurzer Zeit. Lucie Lenz verließ London und ging unter dem Namen Helene von Kröcher nach Dresden. 1856 kehrte sie erneut in ihre Heimatregion zurück, diesmal nach Charlotten-

45 Ebd., Bl. 34f.

burg , damals eine bürgerlich geprägte Kleinstadt in der Nähe Berlins. Nach kurzer Zeit wurde auch hier die Polizei auf sie aufmerksam und zog ihre Identität in Zweifel. Der ermittelnde Charlottenburger Polizeibeamte fand heraus, dass es gar keinen holländischen Zweig der Familie Kröcher gab, von dem abzustammen sie behauptete, es gelang ihm aber nicht, „den Schleier welcher die Verhältnisse der Bezeichneten verdeckt" zu lüften. Klarheit brachte schließlich der Berliner Polizeipräsident von Zedlitz: „Es ist ein offenkundiges Geheimnis, daß die angeblich verw[itwete] v. Kröcher jetzt wieder verehel[ichte] Bizonfy die in den Jahren 1848 u. 1849 zu politischen Zwecken vielfach mit Nutzen verwendete Lucie Lorenz alias Lenz ist, daß ihre beiden Kinder außerehelich geboren sind u. deren Vaterschaft von einem hier bekannten Manne nicht in Abrede gestellt wird."[46] Auch der Polizeibeamte, der mit ihr im Revolutionsjahr zu tun hatte, bestätigte nach einem Verhör mit ihr, dass „die angebliche Bizonfy alias von Kröcher identisch ist mit jener Lucie Lenz alias Lorenz welche im Jahre 1848/49 hier die bekannte Rolle spielte".[47]

Nach diesem erneuten *encounter* mit der Polizei verließ sie Charlottenburg noch 1856, ging kurzzeitig zurück nach Dresden und ließ sich schließlich noch im selben Jahr in Breslau nieder. Auch dort währte die Ruhe nur kurz. Im Juli 1857 wurde die Polizei informiert, dass Frau de Paula Bizonfy „hier der Mittelpunkt der Slawischen Bewegung und eine äußerst exaltirte Person" sei.[48] Nach der Niederlage der slawischen Bewegung operierte diese von London aus. Ziel war es, die multinationale Habsburger Monarchie zu zerschlagen und verschiedene, unabhängige Nationalstaaten zu errichten. Mit diesen nationalen und liberal-demokratischen Forderungen war die slawische Bewegung nicht nur gefährlich für Österreich, sondern auch für andere reaktionäre Staaten wie etwa Preußen. Als Frau de Paula Bizonfy bei ihrer polizeilichen Vorladung wieder keinen gültigen Pass vorweisen konnte, wurde sie aufgefordert, Breslau innerhalb einer Woche zu verlassen. Sie weigerte sich zu gehen und forderte die Breslauer Polizei auf, sich an die Berliner zu wenden. Offensichtlich war sie die dauernden Umzüge und Verdächtigungen leid geworden.

In den Verhören versuchte sie den Verdacht, Zentrum der slawischen Bewegung zu sein, damit zu entkräften, dass sie darauf hinwies, bereits Ende 1855 in einem anonymen Brief von Dresden aus vor einem Attentat auf den österreichischen Kaiser gewarnt zu haben. Die Existenz dieses anonymen Briefes wurde von der Dresdner Polizei bestätigt. In diesem denunzierte sie ihren Ehemann Franz de Paula Bi-

46 Ebd.; Schreiben v. Zedlitz (in Kladde), 23. Mai 1856, B. 59ff.
47 Ebd., Schreiben des zuständigen Polizeibeamten, Berlin, 29. Mai 1856, Bl. 59.
48 Ebd.; Schreiben v. Kehler an v. Zedlitz, Breslau 9. Juli 1857, Bl. 66.

zonfy, zusammen mit Lajos Kossuth, dem bekanntesten ungarischen 1848er Revolutionär, einen Anschlag auf den österreichischen Kaiser zu planen.

Um ihre im Verhör gemachten Angaben zu ihrem bisherigen Lebenslauf zu überprüfen, nahm der Breslauer Polizeipräsident von Kehler Kontakt mit seinem Berliner Kollegen von Zedlitz auf. Dieser setzte ihn davon in Kenntnis, dass Lucie Lenz 1848 als Agentin eingesetzt worden sei und zwei uneheliche Söhne von einem hohen preußischen Beamten und Abgeordneten habe, der auch für ihren Unterhalt aufkomme. Beide Polizeipräsidenten spekulierten in ihrer Korrespondenz, wer denn nun der Vater der Kinder sei. Lucie Lenz schwieg diesbezüglich eisern, obwohl bei einer Durchsuchung ihrer Breslauer Wohnung seine anonymen Liebesbriefe gefunden worden waren. Auch die Polizeipräsidenten wussten nicht, wer der Vater war. Der Breslauer von Kehler vermutete in ihm Frédéric Adrian Graf von Limburg-Stirum, den Lucie Lenz seit den späten vierziger Jahren sehr gut kannte und dessen Briefe bei ihrer Hausdurchsuchung gefunden worden waren. Limburg-Stirum hatte sich in den fünfziger Jahren mehrfach für sie eingesetzt. Er war ein schlesischer Rittergutsbesitzer, der eine zeitlang als holländischer Legationsrat in der niederländischen Gesandtschaft in Berlin tätig und Mitglied des Preußischen Abgeordnetenhauses während der fünfziger Jahre war. Als anderen möglichen Liebhaber – diesen favorisierte der Berliner Polizeipräsident von Zedlitz – machten sie einen Herrn von B. aus, ein „hier [in Berlin, S.P.] kurze Zeit fungierender hoher Staatsbeamter, der gegenwärtig auch Mitglied des Abgeordnetenhauses ist“.[49] Es könnte sich hier um den von Juni bis November 1848 kurzzeitig amtierenden Berliner Polizeipräsidenten Heinrich Albert Moritz von Bardeleben handeln. Er wurde im November 1848 seines Amtes enthoben, war danach für kurze Zeit kommissarischer Regierungspräsident in Arnsberg bei Köln. In einem der Verhöre gab Lucie Lenz an, ihren angeblichen Vetter Georg von Kröcher in Arnsberg geheiratet zu haben. Ab 1850 war Bardeleben vortragender Rat in Berlin; Lucie Lenz siedelte in diesem Jahr gleichfalls wieder dort hin um, so dass er auch der Vater ihres zweiten, im November 1851 geborenen Sohnes hätte sein können. Bardeleben war von 1854 bis 1861 Abgeordneter des preußischen Landtags, später Oberregierungspräsident der Rheinprovinz und schließlich von 1872 bis 1889 Mitglied des preußischen Herrenhauses. Doch wer immer der Vater war: es hätte einen großen Skandal gegeben, wäre es öffentlich geworden, dass eine Spionin und vermeintliche oder tatsächliche 1848er Revolutionärin zwei uneheliche Kinder von einem hohen preußischen Beamten und Abgeordneten hatte, der sie aushielt, und dass die Behörden dies ebenso wie ihren falschen Namen und die Anmaßung eines Adelstitels stillschweigend duldeten.

49 Ebd.

Nachdem der Breslauer Polizeipräsident diese Informationen von seinem Berliner Kollegen erhalten hatte, versuchte er, die Untersuchung zu stoppen. Doch dazu war es zu spät, denn mittlerweile hatte der Staatsanwalt Anklage erhoben und, noch schlimmer, die Presse hatte Notiz von dem Fall genommen. So berichteten beispielsweise die *Vossische Zeitung*, die *Norddeutsche Zeitung* und die *Gerichtszeitung* anonym von einer Frau, die als Revolutionärin, Spionin und Geliebte ein „höchst merkwürdiges und abentheuerliches Leben geführt habe", „die Emancipation des Weibes (ein vor 10 Jahren ausnehmend beliebtes Kapitel) hinter dem bairichen Biertische mit der Cigarre im Mund durchzusetzen gedachte [...]. Die in Rede stehende ist eine Heldin jüngeren Datums und war, wenn Ref. nicht irrt, vor 10 Jahren in Berlin unter dem Namen ‚Lucilie' bekannt."[50]

In der nun doch stattfindenden Verhandlung in Breslau wurde Lucie Lenz alias Helene de Paula Bizonfy schließlich freigesprochen, da sie sich mit dem Führen eines falschen Namens keinen Gewinn verschaffen wollte und, „wahrscheinlich um politischer Zwecke willen, den ihr nicht zukommenden Namen einer verwitweten von Kröcher wenigstens stillschweigend mit Genehmigung der Polizeibehörden geführt" habe. Von einer weiteren Verfolgung der Angelegenheit sei abzusehen, da „dies zu Enthüllungen führen muß, welche hochgestellte Personen zu kompromittiern und in deren Familienkreise schädlich einzugreifen geeignet sind."[51] Dieser Freispruch konnte ihr nicht mehr zugestellt werden, denn sie hatte Breslau zu Beginn des Jahres 1858 bereits wieder verlassen. Davor war sie lange krank gewesen, ein Zeichen vielleicht dafür, dass die dauernden Anklagen sie belasteten und sie keineswegs kühl, ungerührt und kalkulierend ihre Doppelexistenz führte.

Station 5 – Zeit: 1858 bis 1863... (1913), Ort: London. Lucie Lenz alias Frau de Paula, Phrenologin, Heilkundige und immer noch Spionin?

Da sie durch die Heirat mit dem exilierten ungarischen Revolutionär de Paula Bizonfy die britische Staatsbürgerschaft erworben hatte, ging Lucie Lenz nach London, wo sie sich Frau von Paula oder de Paula nannte. Sie benutzte diesen Namen vermutlich, weil er nobel klang und sie so auch nicht automatisch mit ihrem Ehemann, von dem sie getrennt lebte und der sich meist nur Bizonfy nannte, in Verbindung gebracht wurde. Bald fand sie Anschluss an die Kreise der 1848er Exilanten in London. So wurde sie mit einer Empfehlung des Kommunisten Karl Schapper

50 Ebd., Bl. 96 f.; Vossische Zeitung, 17. März 1858; Gerichts-Zeitung, 23. März 1858.

51 Polizeiakte LL, Oberstaatsanwalt Greiff, Breslau, 17. Febr. 1858, Bl. 100f.

bei Karl Marx, Friedrich Engels und dem Schriftsteller Ferdinand Freiliggrath vorstellig. Kurze Zeit war sie außerdem mit der Schriftstellerin und 1848erin Malwida von Meysenbug befreundet. Ob sie diese Verbindungen suchte, weil sie wieder mit einem Spionageauftrag unterwegs war, ob sie sich über die Kontakte neue Verdienstmöglichkeiten erhoffte oder ob sie sich letztlich doch zum Exilanten-Milieu politisch und weltanschaulich hingezogen fühlte, ist nicht zu klären. Als Frau von Paula hielt sie in London Vorträge über Phrenologie und betätigte sich als Heilkundige. Marx und Freiligrath bezeichnete sie deshalb spöttisch auch als die „höhere Hebamme".[52] Phrenologie war die vermeintlich wissenschaftlich untermauerte Überzeugung, dass Persönlichkeit und Charaktermerkmale von der physischen Form des Kopfes abgeleitet und bestimmte Gehirnarealen zugeordnet werden könnten. In der Wissenschaftsgeschichte wird die Phrenologie zwar als eine Sackgasse, aber dennoch wichtige Etappe in der weiteren Entwicklung der Neurowissenschaften betrachtet. Viele der frühen Anhänger der Phrenologie waren häufig religionskritisch eingestellt und soziale oder politische Reformer.[53]

Als Malwida von Meysenbug Frau de Paula im Frühjahr 1859 kennenlernte, brach eine „plötzliche Freundschaft" über sie herein. Mit ihren vielen Dichterbekanntschaften, ihren medizinischen Kenntnissen und einem abenteuerlichen Lebenslauf hatte sie auf Malwida von Meysenbug Eindruck gemacht. Diese war freilich unsicher, wie sie sie einschätzen sollte. In einem Brief an Gottfried Kinkel schrieb sie: „Die Frau ist entweder ein weiblicher Caliostro [ein Abenteurer, Alchimist und Geisterbeschwörer, der Ende des 18. Jahrhunderts wirkte, S.P.] oder ein sehr ausgezeichnetes Wesen". Sie sei von „furioser Liebe für mich befallen [...] (was sehr schmeichelhaft ist, da sie als Phrenologin behauptet sie könne den Charakter der Menschen gleich von ihrem Gesicht lesen). Sie scheint jedenfalls ein fabelhaft interessantes Leben gehabt zu haben und wirklich etwas Tüchtiges zu wissen."[54] Mit der Zeit zerstreuten sich ihre anfänglichen Zweifel, da die Paula ihr „viel Wahres über mich selbst gesagt" habe. Malwida von Meysenbug erhoffte sich

52 Vgl. Brief von Freiligrath an Marx, London 28. Febr. 1858, in: Manfred Häckel, Freiligraths Briefwechsel mit Marx und Engels. T.1, Berlin 1968, S. 99; T.2, Anmerkungen, S. 120. Zu Frau von Paula alias Lucie Lenz vgl. auch Karl Marx an Friedrich Engels, 21. Sept. 1858, in: MEGA², III/9, Berlin 2003, Br. 119.18-21; Karl Marx, Friedrich Engels, Werke, Berlin 1956ff (MEW), Bd. 29, S. 355.

53 Zu Phrenologie siehe Roger Cooter, The Cultural Meaning of Popular Science: phrenology and the organization of consent in nineteenth century Britain, Cambridge 1984; Roger Cooter (Hg.), Phrenology in Europe and America, London 2001; Gerfried Kurz, Gustav von Struve und die Phrenologie in Deutschland, Mainz 1993. Van Wyhe, J., 2002. The History of Phrenology on the Web [Internet]. Abzurufen unter: http://pages.britishlibrary.net/phrenology/overview.htm.

54 Brief 104 von Malwida von Meysenbug an Gottfried Kinkel, London, nicht genau datierbar, zwischen März und Juni 1859, in: Stefania Rossi (Hg.), Malwida von Meysenbug. Briefe an Johanna und Gottfried Kinkel 1849-1885, Bonn 1982, S. 169.

von ihr Hilfe bei ihren gesundheitlichen Problemen: „Sonntag Morgen gehe ich zu ihr um guten Rath zu empfangen und einer ihrer Vorlesungen beizuwohnen, ich verstehe doch genug von den Gegenständen um zu sehn ob sie was weiß und warte auf diese entrevue um mein Urtheil zu schließen.“[55]

Im April und Mai 1859 machten jedoch Verdächtigungen über Frau von Paula in Emigrantenkreisen die Runde. Marx, Engels und Freiliggrath schrieben an ihre Informanten Wilhelm Wolff und Ferdinand Lasalle in Deutschland, um Erkundigungen über sie einzuziehen.[56] Malwida von Meysenbug schrieb hierzu an Kinkel: „Von ‚Cagliostro‘ weiß ich noch nichts Näheres, Fräulein Busse, Freiligraths etc. waren Alle in Aufruhr und vermutheten allerlei…“ Es wurden „ernste Erkundigungen“ eingezogen und im Juni 1859 erhärtete sich der Verdacht, dass Frau von Paula eine Schwindlerin, „geradezu une femme publique ist, und obendrein glaubt man, sie sei ein politischer Spion.“[57] Die exilierten Demokraten und Kommunisten brachen daraufhin den Kontakt zu ihr ab.

In den folgenden Jahren lebte sie weiterhin in London, wobei sie Reisen nach Deutschland unternahm. Im Juli 1863 berichtete der Breslauer Polizeipräsident an den preußischen Innenminister: „Gestern bin ich zufällig mit einem in der Nähe von Breslau angesessenen Grafen zusammen gewesen, der im Laufe des Gesprächs erzählte, daß er aus Hamburg komme u. dort mit einer Dame zusammengetroffen sei, der er früher sehr nahe gestanden, daß diese Dame jetzt in London lebe, und einen Tag in Hamb[urg] gewesen sei um dort mit Bakunin, A. Herzen[58] und C. Blind (welcher […] gegenwärtig Agent von Lord Palmerston sein soll)[59] zu conferiren u. diesselbe gegenwärtig dem Minister von Schmerling[60] diene. Den Namen dieser Dame wollte jener Graf auf meine leicht hingeworfene Frage nicht nennen, aus mehreren Andeutungen ging mir aber ganz unzweifelhaft hervor, dass dieselbe Niemand anders gewesen sein kann als die sehr bekannte Paula de Bizonfy“.[61] Der preußische Innenminister maß diesem Bericht keine besondere Bedeutung zu und antwortete: „Bei ihrem bekannten Hang zur politischen Schwärmerin und zum

---

55 Brief 107 an Kinkel, London, zwischen März und Mai 1859, nicht genau datierbar, in: Rossi, S. 171.

56 Marx an Ferdinand Lassalle, 4. Febr. 1859, in: MEGA², III/9, Br. 175.105-108; MEW, Bd. 29, S. 578.

57 Brief 110 an Kinkel, London, Mai 1859, nicht genau datierbar, in: Rossi, S.174.

58 Beide waren russische Revolutionäre.

59 Carl Blind war ein ehemaliger Revolutionär und Mitglied im Bund der Kommunisten. Er brach Ende der fünfziger Jahre mit Marx und Engels und vertrat anschließend nationalliberale Positionen.

60 Von Schmerling war österreichischer Staatsminister.

61 Polizeiakte LL, Schreiben des Breslauer Polizeipräsidenten an den preußischen Innenminister, Graf von Eulenburg, Breslau, 23. Juli 1863, Bl. 121.

Wichtigthun dürfte auf die Mitteilung kein Gewicht zu legen sein."[62] Diese Feststellung könnte eine plausible Erklärung dafür sein, dass das preußische Innenministerium die Meldung herunterspielte. Vielleicht arbeitete sie aber auch wieder als Spionin, was möglichst nicht in der in der auch von Dritten einsehbaren Akte festgehalten werden sollte.

Lucie Lenz alias geschiedene Frau de Paula scheint, nach Auskunft von Mary Lee Townsend, 1869 mit etwa 45 Jahren nochmals einen britischen Staatsbürger geheiratet zu haben. Sie blieb in Großbritannien, wurde knapp 90 Jahre alt und starb 1913. Ihre Söhne wurden unter dem Namen Frederick bzw. Rudolph de Paula respektierte britische Staatsbürger, der eine Rechtsanwalt, der andere Kaufmann. Einer der Söhne von Frederick, d. h. einer ihrer Enkel namens Frederic Rudolf de Paula, wurde in den dreißiger und vierziger Jahren des 20. Jahrhunderts ein Pionier der modernen Buchführung in Großbritannien.[63]

Was kann man aus ihrer Geschichte für Schlüsse ziehen?

1. Die Lebensgeschichte der Lucie Lenz ist ein schillerndes und außergewöhnliches Beispiel für den sozialen Aufstieg einer ledigen jungen Frau aus den unteren sozialen Schichten um die Mitte des 19. Jahrhunderts.

Sie zeigt die schwierigen Lebensverhältnisse von jungen Frauen der Unterschichten, die vom Land in die Stadt kamen, häufig Wohnorte und Arbeitsplätze wechselten oder sich auch als Gelegenheitsprostituierte verdingten. Lucie Lenz verschaffte sich durch geschicktes Auftreten, Schönheit und Intelligenz Zugang zu höheren gesellschaftlichen Kreisen und einen wohlhabenden Lebensstil. Sie zahlte dafür aber auch einen beträchtlichen Preis, denn sie lebte unter falschem Namen und musste ständig Aufdeckung und Ausweisung fürchten. Ihre Liebhaber legalisierten weder ihre Beziehung noch die gemeinsamen Kinder, für die sie alleine die Verantwortung trug.

2. Ihre Geschichte zeigt exemplarisch die Bandbreite weiblichen Handlungsspielraums in der Revolution und stellt gleichzeitig die unkritische Konstruktion von idealistischen Revolutionshelden oder -heldinnen in Frage.

---

62 Ebd., Schreiben Ministerium des Innern, Berlin 25. Juli 1863, Bl. 120.

63 John Richard Edwards, Frederic Rudolph Mackley de Paula (1882-1954), in: ders. (Hg.), Twentieth Century Accounting Thinkers, London 1994, S. 225-251.

Die politischen Aktivitäten von Lucie Lenz im Jahre 1848 waren auch die anderer, in der Revolutionsbewegung aktiver Frauen: Sie besuchten Versammlungen der demokratischen Clubs oder Parlamentsverhandlungen, sammelten Geld für die Revolutionäre und Bedürftigen, zupften Charpie, stickten Revolutionsfahnen, schrieben Artikel und hielten Reden, gründeten erste politische Frauenvereine und kämpften auf den Barrikaden. Für viele Zeitgenossen und Zeitgenossinnen war dieses öffentliche weibliche Engagement etwas völlig neues, verunsicherndes, wie auch die vielen Karikaturen zeigen. Es war in doppelter Weise revolutionär, da nicht nur politisch-radikale Positionen vertreten, sondern auch Geschlechtergrenzen überschritten wurden. Die Kritik von Fanny Lewald oder Louise Aston am öffentlichen Auftreten der Lucie Lenz zeigt, dass auch unter den liberalen und demokratisch gesinnten Frauen eine einheitliche Frauenfront nicht existierte und schon in der frühen Frauenbewegung unterschiedliche und konkurrierende Emanzipationsvorstellungen herrschten.

Lucie Lenz gelang es, soziales, kulturelles und ökonomisches Kapital aus ihren Revolutionsaktivitäten zu schlagen. Sie lernte Reden zu halten, Artikel zu schreiben und öffentliche Aktionen zu organisieren. Durch die revolutionären Ereignisse kam sie in Kontakt mit dem demokratisch-oppositionellen Milieu wie auch mit Kreisen der Reaktion und des politischen Establishments. Ihre Biographie stellt die Konstruktion der Revolutionärin/des Revolutionärs als idealistische/n Held/in in Frage, der/die selbstlos für Freiheit, Demokratie und soziale Gerechtigkeit kämpfte, ohne Rücksicht auf den machtpolitischen, sozialen und ökonomischen Nutzen, den dieses Engagement für sie persönlich auch haben konnte – neben der für viele großen Gefahr von Verhaftung, Verfolgung, wirtschaftlichem und gesundheitlichem Ruin, Exil oder gar Tod. Ihr Beispiel verweist auf die Verbindungen zwischen Revolution und Reaktion, denn auch in der Revolution 1848 wurden gezielt sowohl Männer wie Frauen als Spione und Doppelagenten eingesetzt. Lucie Lenz war in gewisser Weise eine Wandlerin zwischen den Welten der Revolution und der Reaktion. Für Abenteurerinnen wie sie scheinen die unruhigen und chaotischen Revolutionszeiten gute Zeiten mit vielfältigen Aufstiegsoptionen gewesen zu sein.

Lucie Lenz zeigt auch, dass nicht nur Intellekt, Überzeugung und harte Arbeit Kriterien für eine erfolgreiche politische Karriere waren, sondern ebenso gutes Aussehen, gewandtes Auftreten und Charisma. Dies galt nicht nur für weibliche Revolutionäre sondern auch für männliche. So wurde etwa der badische Revolutionär Friedrich Hecker auch wegen seinem männlich-kraftvollen Erscheinung und seinem Redetalent eine der Galionsfiguren,. Gleiches galt für den Berliner Revolutionär Wilhelm Held, der, wie der Chronist Adolf Streckfuß schrieb, von der Macht seiner eindrucksvollen physischen Gestalt, seines rhetorisches Talents und seiner wundervollen Stimme wusste und diese geschickt einzusetzen verstand.[64]

3. Die Geschichte der Lucie Lenz verweist auf die hohe Mobilität und die nationale Grenzen überwindenden Verbindungen innerhalb des demokratisch oppositionellen Milieus in Europa um die Mitte des 19. Jahrhunderts. Es zeigt dieses Milieu als eine Mischung aus bürgerlich-großbürgerlichem und bohemianen Lebensstil, mit einer gewissen Offenheit für neue Deutungsmuster und Wissenskulturen wie Alternativmedizin oder Phrenologie.

Viele der Revolutionäre, gerade im Londoner Exil, waren typische Vertreter der Säkularisierung. Ein überdurchschnittlich hoher Anteil von ihnen war nicht mehr traditionell religiös, hatte mit der Kirche gebrochen und war auf der Suche nach Möglichkeiten, rational-naturwissenschaftliches Denken und den Wunsch nach Transzendenz und Spiritualität zu verbinden. Malwida von Meysenbug oder Gustav Struve können hier als Beispiel gelten: beide waren religiöse Dissidenten (ebenso wie die Revolutionäre Robert Blum, Friedrich Hecker, Franz Wigard u. a.), gleichzeitig aber auch an der Phrenologie interessiert und Anhänger alternativer Heilformen. So favorisierte Malwida von Meysenbug die Wasserkur und Gustav von Struve war, ebenso wie der 1848er Eduard Balzer, überzeugter Vegetarier. Phrenologie war um die Mitte des 19. Jahrhunderts typisch für eine moderne, säkulare Weltsicht und popularisierte naturwissenschaftliches Denken, wie die Wissenschaftshistoriker Cooter und van Whye gezeigt haben. Alternative Heilformen, neue, von den überzeugten Anhängern als wissenschaftlich verstandene Deutungen wie Phrenologie, Spiritismus oder vorher Mesmerismus gingen auch häufig mit Charlatanerie und Betrug einher. Die Rezipienten dieser neuen spirituellen oder pseudowissenschaftlichen Praktiken gehörten häufig den gebildeten Kreisen an, die, wie etwa Malwida von Meysenbug, nach Sinn und neuem Wissen sowie Hilfe im Umgang mit Krankheit, traumatischen Erfahrungen oder persönlichen Verlusten suchten. Lucie Lenz alias Frau von Paula konnte diese neuen Deutungsmuster und mentalen Dispositionen erfolgreich für sich nutzen und mit der Phrenologie teilweise ihren Lebensunterhalt bestreiten. Vielleicht hatten ihr die alternativen Heilmethoden auch selbst geholfen. Sie war jedenfalls von ihnen überzeugt – und gegebenenfalls konnte sie über ihre Kurse und die Heilangebote wichtige Kontakte für ihre Spionagetätigkeit knüpfen.

---

64 Adolf Streckfuß, 500 Jahre Berliner Geschichte, Bd. II, S. 1072.

4. Die Geschichte der Lucie Lenz macht den Konstruktionscharakter von Biographien und das, was Bourdieu die biographische Illusion genannt hat, offensichtlich und führt zur Reflexion der Linearität und Kohärenz von Biographien.

Je nachdem unter welcher Perspektive und zu welchem Zeitpunkt ich auf die Geschichte der Lucie Lenz blicke, können unterschiedliche Narrative konstruiert werden. Wenn ich mich nur auf das Jahr 1848 konzentriere, so kann Lucie Lenz noch als revolutionäre, frauenbewegte Ikone und Opfer der preußischen Reaktion durchgehen. Bezieht man sich nur auf ihre Aussagen während der Untersuchung in Breslau 1857, so könnte man sie als bloße Abenteurerin, Denunziatorin und Spionin darstellen, die gar nichts mit Revolution und Frauenbewegung zu tun hatte. Eine eher postmoderne Lesart könnte die Inkonsistenz, das Fragmentarische und Widersprüchliche ihrer Identität als feministische Revolutionärin *und* skrupellose Spionin betonen.

5. Die abenteuerliche Lebensgeschichte von Lucie Lenz kann als Aufhänger genommen werden, um die Revolutionsgeschichte, aber auch eine breite Palette politik-, sozial- und mentalitätsgeschichtlicher Entwicklungen des 19. Jahrhunderts in einer unterhaltsamen Weise zu präsentieren und zu popularisieren. Weil die bisher zur Verfügung stehenden Quellen keine eindeutige Lesart ihrer Geschichte zulassen, könnten die verschiedenen Versionen zudem dazu beitragen, die Produktion historischen Wissens zu reflektieren und dessen Perspektivität und Konstruktionscharakter deutlich zu machen. Dies macht ihre Figur für die Erinnerungskultur der Revolution doppelt spannend – weil sie nicht nur eine schillernde Lebensgeschichte zu bieten hat, sondern durch deren Uneindeutigkeit eher hinterfragt werden kann, was, wer, wie und warum erinnert wird.

Zum Abschluss: Lucie Lenz spielt nicht nur in der Berliner Revolutionserinnerung, sondern mittlerweile auch im historischen Marketing oder der historischen Identitätsstiftung ihrer Geburtsstadt Wittstock eine Rolle. Sie wird in deren Internetauftritt unter den wenigen lokalen historischen Persönlichkeiten aufgeführt – übrigens interessanterweise nicht als Revolutionärin und Feministin, sondern als Hochstaplerin, die Zugang zum preußischen Hof hatte und in London Karl Marx kannte: „Luitgart Lorenz hat auf ihre Weise Weltgeschichte mitgeschrieben, wenn auch nur als Hochstaplerin.“[65]

---

[65] http://www.wittstock.de/verzeichnis/visitenkarte.php?mandat=48572 (Zugriff: 18. Okt. 2012)

Christian Jansen
Desillusionierte Revolutionäre? Die Paulskirchenlinke nach 1849

Gelegentlich irrlichtern Meldungen von Alt-Achtundsechzigern durch die Medien, die einen den Kopf schütteln lassen. Wie kann einer, der vor vierzig Jahren „Revolution“ gepredigt und inbrünstig die „Internationale“ gesungen hat, auf seine alten Tage bei der NPD oder im nationalistischen Umfeld der Burschenschaften andocken? Wie können ehemalige RAF-Apologeten jetzt „law and order“ propagieren? Wie können einst hart gesottene Stalinisten heute die Vorzüge des entfesselten Marktes preisen oder im Brustton der Überzeugung liberale Positionen auf dem Realo-Flügel der Grünen vertreten? Oder auf einer alltäglicheren Ebene: So manche, die einst alle Werte der Elterngeneration in Frage stellten und die bürgerliche Gesellschaft revolutionieren, „zum Tanzen bringen“ wollten, wie es Marx so poetisch ausgedrückt hat, kultivieren heute Bürgerlichkeit und pochen, da sie nun selbst „oben“ sind, auf Hierarchien und Privilegien, gegen die sie einmal anrannten.

Geschichte wiederholt sich nicht. Fürwahr! Aber es gibt doch immer wieder verblüffende Parallelen zwischen der Gegenwart und der Vergangenheit. Auch im 19. Jahrhundert gab es „Achtundsechziger“ mit bizarren Biografien, gab es politische Kontroversen, die uns vertraut erscheinen, und politische Konsequenzen aus dem Scheitern revolutionärer Hoffnungen. Die vielschichtigen Revolutionen von 1848/49 sind nur auf den ersten Blick gescheitert. Sie bedeuteten, wie „1968“ im 20. Jahrhundert, die Kulmination eines gesellschaftlichen Aufbruchs, einen scharfen Generationswechsel, eine Dynamisierung der politischen Verhältnisse, die unter anderem zu einer Restrukturierung des Parteiensystems führte. Auch 1849 begann ein Teil der gescheiterten Revolutionäre den Marsch durch die Institutionen und dies mit ähnlichen Begleiterscheinungen wie bei den 68ern: die Spaltung zwischen „Realpolitikern“ und „Fundamentalisten“ und wechselseitige, erbitterte Verratsvorwürfe. Wie die Achtundsechziger nervten die Achtundvierziger die nachfolgenden Generationen mit ihren Heldenerzählungen und ihren Eitelkeiten. Und auch sie verlangten aufgrund ihrer revolutionären Taten in jugendlichem Alter, die wie „1968“ auf den ersten Blick gescheitert und auf den zweiten Blick sehr folgenreich waren, lebenslang politisch ernst genommen, wenn nicht verehrt zu werden. Und frappierender Weise folgte in beiden Jahrhunderten mit etwa 20jährigem Abstand auf die „Revolution“ eine deutsche Einigung: 1867/71 die „Reichsgründung“ – 1989/90 die „Wiedervereinigung“.

Abbildung 14:
„Gescheiterte Revolution“. Karikatur auf den Belagerungszustand in Berlin

Diese Parallelen sind in vielerlei Hinsicht zufällig. Aber sie geben hier den Anknüpfungspunkt zu einem kleinen Gedankenspiel, dem man manche tiefere Bedeutung beimessen kann. Im Folgenden werden die Achtundvierziger und ihr Engagement nach der Revolution mit den Achtundsechzigern verglichen. Es geht um die Geschichte der deutschen bürgerlichen Linken, in insgesamt fünf kleinen Skizzen.

Die Verfassungsurkunde von 1849 als Symbol

Besonders heftig brachen die Gegensätze zwischen einstigen Genossen im Vorfeld der Gründung des deutschen Nationalstaats in den sechziger Jahren auf. Diese wäre ohne die Revolutionen von 1848/49 nicht möglich gewesen. Nachdem Bismarck 1866 die Führung bei der deutschen Einigung übernommen hatte, stritten nun die Achtundvierziger darum, ob eine Zusammenarbeit mit diesem bekennenden Gegner einer liberal-parlamentarischen Verfassung ein Verrat an den Idealen der Revolution sei oder aber eine legitime „realpolitische" Neuorientierung angesichts veränderter Verhältnisse.

Im Februar 1870 kam es in der bürgerlichen Linken zu einem Eklat, der diesen Konflikt verdeutlicht: Es ging um eine pergamentene Urkunde aus dem März 1849. Sie enthielt den Text der Reichsverfassung und war von den 405 Paulskirchenabgeordneten unterschrieben worden, die der Verfassung zugestimmt hatten. Die Urkunde war anschließend von einer Parlamentsdelegation nach Berlin gebracht worden, um dem preußischen König überreicht zu werden – *wenn* dieser denn die ihm von der Nationalversammlung zugesprochene deutsche Kaiserwürde angenommen hätte. Da Friedrich Wilhelm IV. die „mit demokratischem Öl gesalbte" Krone am 28. April 1849 bekanntlich ablehnte, kehrte die Urkunde zunächst nach Frankfurt zurück. Nach dem Scheitern der Revolutionen musste sie vor intensiver polizeilicher Verfolgung geschützt werden, weil sie auf eine höchst symbolträchtige Weise das wichtigste Ergebnis der Deutschen Nationalversammlung repräsentierte. Zuletzt wurde das Dokument in einer Londoner Bank versteckt – bis sie der frühere Paulskirchenabgeordnete Friedrich Jucho, der inzwischen ein Anhänger Bismarcks geworden war, im März 1870 dem Präsidenten des seit 1867 bestehenden Norddeutschen Reichstags überreichte.

An der Spitze der Widersacher der Gründung eines Rumpfdeutschland unter preußischer Vorherrschaft stand 1867 die *Frankfurter Zeitung*, die von Georg Friedrich Kolb redigiert wurde. Kolb war ein Achtundvierziger, der sich als demokratischer Föderalist in der Nachfolge der großdeutschen Linken in der Paulskirche sah. Die Bismarck-Gegner erregten sich, dass Jucho in einem Begleitbrief den Norddeutschen Reichstag auf eine Ebene mit der Deutschen Nationalversammlung stellte. Dieser hatte nämlich bei der Übergabe der symbolträchtigen Urkunde erklärt, der „Hohe Reichstag des Norddeutschen Bundes" sei zwar „nicht der Rechtsnachfolger der deutschen Nationalversammlung, doch unzweifelhaft der gesetzliche Vertreter des weitaus größten Teils des deutschen Volkes." Die *Frankfurter Zeitung* nannte Jucho deshalb einen „verlorenen Sohn von 1849". Wie so viele Achtundvierziger sei er ein Anbeter der militärischen Erfolge der Bismarck-Regierung geworden. Nachdem er mitgeholfen habe, sowohl die Nation als auch ihre 1849 ausgehandelte Verfassung zu „zerreißen", händige er nun mit der Urkunde von 1849 „dem nordbündlerischen Reichstage die *magna charta* der deutschen Nation" aus.

Starker Tobak! Aber Jucho schlug nicht weniger heftig zurück und bezeichnete die Gegner der Bismarckschen Staatsgründung als „vaterlandslos". Er grenzte so die Opposition aus der nationalen Gemeinschaft aus, ein demagogischer Kunstgriff, der die künftigen Konflikte zwischen den politischen Kräften, die das Reich trugen, und der politischen Linken so verletzend werden ließ.[66]

Kindergärten als „Pflanzschulen der Demokratie"

Eine typische Reaktion der Achtundvierziger auf das Scheitern der Revolution war es, verstärkt auf gesellschaftliche Veränderungen durch Erziehung zu setzen. Dahinter stand die Ansicht, dass die Deutschen sich 1848/49 als noch nicht reif für die Demokratie erwiesen hätten. Deshalb setzte man – ganz ähnlich wie nach 1968 in der Kinderladenbewegung – auf Erziehung zur Freiheit. Diese Haltung lässt sich mit Äußerungen verschiedener Achtundvierziger-Revolutionäre veranschaulichen.

Einer von ihnen war Ludwig Storch. Storch war Schriftsteller, Demokrat und einer wichtigsten Multiplikatoren für Friedrich Fröbels Idee des Kindergartens, der in der Tat in der Mitte des 19. Jahrhunderts revolutionär war. Der Fröbel'sche Kindergarten sollte interkonfessionell sein, sogar – unerhört für die damalige Zeit – jüdische Kinder aufnehmen. Außerdem war der Kindergarten klassenübergreifend konzipiert. Er ging vom demokratischen Gleichheitsgedanken aus, was nicht nur den Prinzipien der ständischen Gesellschaft zuwider lief, sondern auch für bürgerliche Liberale zu weit ging. Außerdem widersprach der Kindergarten als staatliche Institution dem deutschen Mütterlichkeitsideal und der vor allem von Johann Heinrich Pestalozzi vertretenen Auffassung, dass Kindererziehung allein Aufgabe der Mütter sei. Storch verkündete entsprechend, dass die Kindergärten „ächte Pflanzschulen" einer demokratischen Zukunft seien. Damit verband er eine Kritik am bestehenden Bildungs- und Schulsystem, das er für das Scheitern der Revolution verantwortlich machte, denn es erziehe die Schüler zum „fügsamen Werkzeuge der Despotie".

66 Brief Siegfried Juchos an Eduard Simson vom 10. März 1870, in: Bundesarchiv Koblenz, FSg. 1/116); Siegfried Jucho, Erklärung zur Übergabe der Reichsverfassung an den Norddeutschen Reichstag, in: Frankfurter Tageblatt und Handelscourier vom 19. März 1870; ders., Antwort auf Vorwürfe der Frankfurter Zeitung, in: ebd. 31. März 1870

Die Realisierung einer demokratischen Gesellschaft, die 1848/49 nicht durchgesetzt werden konnte, wurde von Publizisten wie Storch in die Zukunft verlegt, für die man jedoch bereits in der Gegenwart etwas tun könne. Garantin und Wegbereiterin für die Errichtung einer demokratischen Gesellschaft der Zukunft sollte nun die Pädagogik sein. Erziehung zur Demokratie hatte bereits im frühesten Kindesalter anzusetzen. Das Interesse für die Fröbelsche Kleinkindpädagogik wird bei Storch sogar zum Kriterium für den „wahren Demokraten“: Wer sich nicht für Kindergärten interessiere, sei kein „wahrer Demokrat“. Damit wurde das Projekt der Errichtung einer demokratischen Gesellschaft nach der Niederlage der Revolution als pädagogisches Projekt reformuliert. Nachdem sich eine grundlegende Umwälzung der Gesellschaft nicht hatte realisieren lassen, wurde die künftige Gesellschaftsreform nun zu einer Frage von Erziehungsreform. Storch verweist darauf, dass die Frage der Freiheit auch eine der Erziehung und Sozialisation sei und damit bereits bei der Kleinkinderziehung eine Rolle spielen müsse. Freiheit muss von Kindesbeinen an erlernt werden, und damit kommt der Erziehung auch eine öffentlich-politische Funktion zu.

Auf wieder andere Weise begründete Theodor Hielscher sein Engagement für Kindergärten. Nach den „destructiven“ Aktivitäten als Revolutionär und Barrikadenkämpfer sei es nun wohltuend, etwas Konstruktives zu tun, keine eingebildete Utopie zu verfolgen, sondern eine konkrete, indem er sich der Erziehung von Kindern widme. Hielscher berichtete, dass er jetzt als Kindergärtner „so friedlich und harmlos arbeite, als habe er nie eine Flinte gesehen“. Und weiter: „Mit reiner Negation richtet man doch nichts aus.“ Darüber hinaus, so Hielscher weiter, verschaffe ihm sein Engagement für die Kindergärten eine besondere Befriedigung, nämlich „den Ruin der Pfaffen“, denen das Monopol für die Kinderbetreuung entzogen werde.

Rudolf Benfey, ein weiterer Achtundvierziger, hob in seinen Ausführungen über Kindergärten den Aspekt der Friedlichkeit, Harmonie und Konstruktivität in der Kinderwelt noch deutlicher hervor. „Ich ziehe mich immer mehr von der Politik zurück und wende mich der Kinderwelt zu [...]. Glaube aber nicht, dass ich mich von dem Wirken für den Fortschritt darum ausschließe. Im Gegenteil: ich wirke hier zwar im kleinen Kreis, aber nichts desto weniger fördernd für die Sache der Freiheit“. Hier wird die Hinwendung zur Kindererziehung als Rückzug aus der Politik und zugleich als Alternative zu dieser gedeutet, wenn es um die Förderung der Freiheit geht. Mit dieser Abwendung geht die Politisierung anderer Bereiche der Lebenswelt einher. Benfey wirft, ähnlich wie die „Frauenzeitung“ Louise Ottos, die Frage auf, ob Erziehung gar der effektivere Weg zu Fortschritt und Freiheit sei. Die große, öffentliche Welt der Politik wird eingetauscht zugunsten des vordergründig kleinen, überschaubaren privat-öffentlichen Zwischenreiches der Kindererziehung, der jedoch gleichzeitig eine erhebliche öffentliche und politische Wirksamkeit zugesprochen wird.

Auch der Linkshegelianer und demokratische Paulskirchenabgeordnete Arnold Ruge setzte in seiner 1849 veröffentlichten Schrift: „Die Gründung der Demokratie in Deutschland" auf die „demokratische Familie", von der man in Deutschland noch weit entfernt sei. Gelte hier schon die demokratische Gleichstellung der Frau als lächerlich, so sei man „vollends über die Selbständigkeit der Kinder, wie sie zum Beispiel in Nord-Amerika Sitte ist, außer sich". Eine Veränderung der Gesellschaft durch die soziale Revolution müsse vor allem auf die Emanzipation und Erringung einer anerkannten sozialen Stellung für die Frauen, die Gehilfen, die Arbeiter, die Jugendlichen und die Kinder zielen. Eine „eigene Selbständigkeit" für Kinder und Jugendliche entspringe „aus der demokratischen Sitte". Ein demokratisches Gemeinwesen steht und fällt für Ruge mit der Anerkennung der Selbständigkeit und Würde von Kindern und Jugendlichen.[67]

Die Erfindung der Realpolitik

„Realpolitik" ist bis heute ein zentrales Argument in Konflikten innerhalb der politischen Linken: Für die einen bedeutet Realpolitik die Überwindung revolutionärer Illusionen und die Anerkennung der politischen Tatsachen und Machtverhältnisse. Für die anderen ist der Begriff ein Indikator für politischen Opportunismus und den Verrat an linken Idealen. Der Begriff „Realpolitik" wurde von einem Mann erfunden, der ebenfalls in seinem Leben sehr unterschiedliche Rollen gespielt und sehr verschiedene Wege eingeschlagen hat: Er hieß Ludwig August von Rochau und gehörte zum radikalen, gewaltbereiten Flügel der Burschenschaft. Der Hamburger Soziologe Wolfgang Kraushaar hat seine Entwicklung vom gewaltbereiten Studenten zum nationalliberalen Politiker mit der Joschka Fischers verglichen.[68] 1833 hatte Rochau am Sturm auf die Frankfurter Hauptwache teilgenommen. Das war eine desperate Unternehmung, mit der man einen allgemeinen Aufstand auslösen wollte, für den jedoch alle Voraussetzungen fehlten. Zu lebenslanger Haft verurteilt, ließ Rochau seine Flucht mit Hilfe eines korrupten Gefängnisaufsehers arrangieren. Bis 1848 lebte er in Paris. Dank der Revolution konnte er nach Deutschland zurückkehren.

67 Vgl. (mit Einzelnachweisen) Meike Sophia Baader, „Alle wahren Demokraten tun es". Die Fröbelschen Kindergärten und der Zusammenhang von Erziehung, Revolution und Religion, in: Christian Jansen/Thomas Mergel (Hg.), Die Revolutionen von 1848/49. Erfahrung – Verarbeitung – Deutung. Göttingen 1998, S. 206-224.

68 Wolfgang Kraushaar, Realpolitik als Ideologie. Von Ludwig August v. Rochau zu Joschka Fischer, in: 1999, 3 (1988), H. 3, S. 79-137.

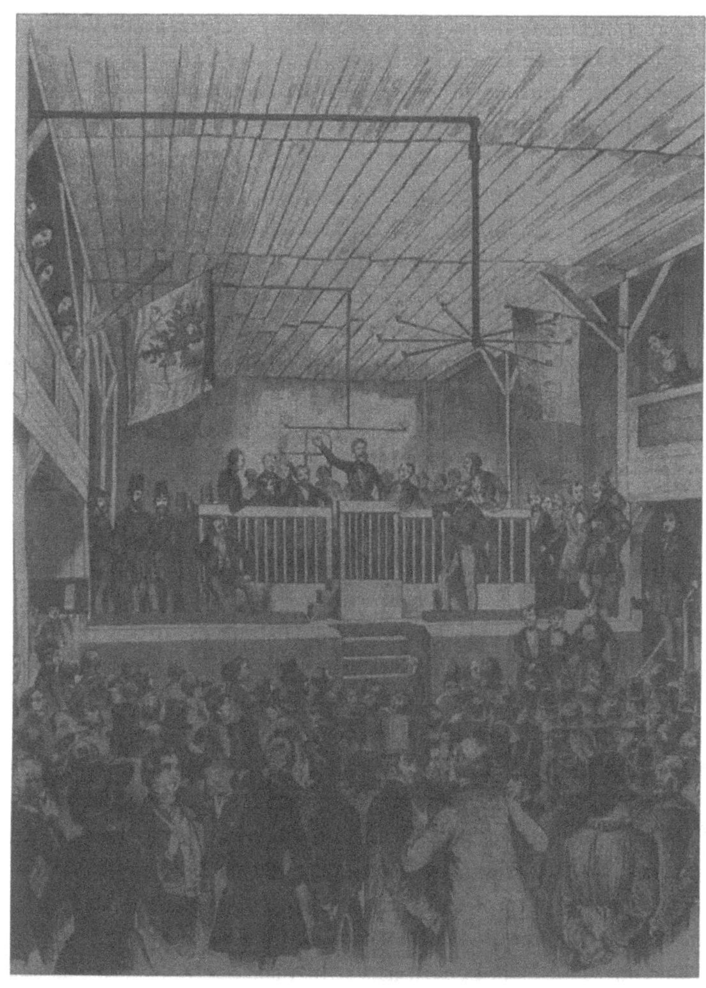

Abbildung 15:
Noch keine Realpolitik –
„Versammlung des Demokratischen Klubs in Berlin 1848"

In seinem äußerst einflussreichen Buch „Grundsätze der Realpolitik" (1853) zog Rochau seine Konsequenzen aus dem Scheitern von Revolution und Nationsbildung. Im Gegensatz zu einer verbreiteten Deutung der „Grundsätze der Realpolitik" als Arrangement mit dem preußischen Obrigkeitsstaat sind sie eine genuin linksliberale Verarbeitung der Revolution. Das Buch sollte die bürgerliche Linke nach 1849 repolitisieren und trug zu deren Abkehr von philosophisch begründeten Utopien und zur stärkeren Berücksichtigung der historischen und materiellen Voraussetzungen von Politik bei. Rochau verabschiedete sich stellvertretend für die meistem Achtundvierziger vom Modell der Volksrevolution, ohne jedoch die Ziele von 1848 zu revidieren. Insbesondere im zweiten Band seines Buchs, der 1869 – also nach den ersten Erfolgen Bismarcks – erschien, betonte Rochau, dass „Realpolitik“ nicht hemmungsloses Machtstreben bedeute. Rochaus Ziel war vielmehr ein Rechtsstaat mit allgemeinem Wahlrecht.[69]

Um eine praktische Umsetzung seiner Grundsätze bemühte sich Ludwig August von Rochau in der Führung des „Deutschen Nationalvereins“, der wichtigsten Organisation des liberalen, großpreußischen Nationalismus, der seit 1864 mehrheitlich Bismarcks Deutschlandpolitik unterstützte. Seit ihrer Gründung 1866 gehörte Rochau der Nationalliberalen Partei an, die mit Bismarck zusammenarbeitete. Von 1871 bis 1873 vertrat er die Nationalliberalen im Reichstag.[70]

Vom Kommunisten zum preußischen Finanzminister

„Kommunist und Atheist, will ich wie Sie die Diktatur der Arbeiterklasse“, schrieb der 24jährige Johannes Miquel 1852 an Karl Marx.[71] Der Jurastudent war in der Revolution in Berührung mit radikalen Ideen gekommen. Ende 1848 versuchte er mit einem bewaffneten Haufen Heidelberger Kommilitonen die Frankfurter Nationalversammlung zu sprengen.

Seit 1850 gehörte er dem „Bund der Kommunisten“ an. Seine heimliche Verlobte Bertha Levy, die Tochter eines jüdisch-orthodoxen Kaufmanns im hessischen Rodenberg (der Schriftsteller Julius Rodenberg war ihr Bruder) schwärmte mit ihm zusammen für Klassenkampf und die proletarische Revolution. Als ihre Eltern die Heirat mit einem Christen ablehnten, wollte Bertha Levy mit Miquel durchbrennen. Für ihn kam aber eine Heirat gegen den Willen der Eltern nicht in Frage. In einem Abschiedsbrief imaginierte er sich als Berufsrevolutionär: „Denke Dir [...] ich stürbe, ich wäre von den nahen Bewegungen der Zukunft verschlungen – denke Dir da Dein Elend. Darf ich, wo ein solcher Ausgang fast mit Sicherheit vorherzusehen, darf ich da einer dann frevelhaften Leidenschaft folgend Ja sagen? [...] Das ge-

69 Vgl. ausführlicher Jansen, Einheit (wie Anm. 1), S. 261 f.

70 Zur Biografie Rochaus vgl. Christian Jansen: Ludwig August v. Rochau, in: Neue Deutsche Biographie 21 (2003), S. 685 f. (http://www.deutsche-biographie.de/sfz76718.html); Natascha Doll, Recht, Politik und „Realpolitik“ bei August Ludwig v. Rochau (1810-1873), Frankfurt/M. 2005.

71 Wilhelm Mommsen, Johannes Miquel. Erster Band 1828-1866. Berlin 1928, S. 41.

wöhnliche Gewürm, die satte, feiste, egoistische Moral des bürgerlichen Gesindels wird meine Handlungsweise nicht begreifen, mir vielleicht die schlechten Motive, welche es selbst an meiner Stelle haben würde, unterschieben – Du, welche mich, meine Ideen, meinen Haß und meine Liebe kennst, Du *mußt* mich begreifen. Dereinst [...] wirst Du Dir sagen müssen: Er konnte nicht anders. [...] Ich, ein Mann mit vielen Lebenszwecken und starkem Geiste, ich brauche keine Stütze und will nie Eine. Die bürgerliche Gesellschaft zwingt mich, allein zu bleiben, ich werde sie dafür unter die Füße treten und ohne sie aufrecht stehen.“[72]

Abbildung 16:
Schon 1848 nicht überall geliebt – „Die Misshandlung Charlottenburger Intellektueller um die Gebrüder Bauer am 20. August 1848“

Nach dem Studium ließ Miquel sich als Anwalt in Göttingen nieder. Sowohl durch seine charismatischen Plädoyers als auch durch Auftritte im bürgerlichen Gewer-

72 Johannes Miquel an Bertha Levy, 1.2.1853, in: Nach der Revolution 1848/49: Verfolgung – Realpolitik – Nationsbildung. Politische Briefe deutscher Liberaler und Demokraten aus den Jahren 1849-1861, herausgegeben von Christian Jansen. Düsseldorf 2004, S. 304. Vgl. auch Johannes Miquel an Bertha Levy vom 9. Sept. 1852, in: ebd., S. 272-274.

beverein gewann er schnell Anerkennung. Gleichzeitig schrieb er als Kommunist weiter Berichte an Marx in London, in denen er die bürgerliche Gesellschaft in Göttingen mit beißender Schärfe sezierte. Dennoch ließ er sich in wichtige kommunalpolitische Ämter wählen. Die Verantwortung, die er dadurch übernehmen musste, und die Initiativen, die er z. B. für eine moderne Gasversorgung und Gewerbeschulen ergriff, aber auch die Diskussion um Rochaus „Realpolitik" näherten Miquel immer mehr dem Nationalliberalismus an. 1859 war er an der Gründung des Deutschen Nationalvereins beteiligt. 1863 wurde er in den Hannoverschen Landtag gewählt. 1866 zog er als Spitzenmann der Nationalliberalen Partei ins preußische Abgeordnetenhaus und 1871 in den Reichstag ein. Marx, zu dem er bis in die frühen siebziger Jahre Kontakt hielt, beschimpfte ihn nun als Renegaten. Miquel war keineswegs der einzige Achtundvierziger, der sich in der Kommunalpolitik vom Radikalen zum Liberalen wandelte. Denn einerseits gab es hier auch in der Reaktionsära Freiräume, in denen die Verfolgung jeglicher Opposition weniger wirksam war. Andererseits waren hier jenseits aller Prinzipiendebatten ganz praktische, alltägliche Probleme zu lösen.

Miquel steht hier exemplarisch für jene Achtundvierziger, die im Laufe der Jahre immer konservativer wurden: Er stimmte als einziger liberaler Bundestagsabgeordneter 1870 für die Beibehaltung der Todesstrafe; sein Kontakt zu Bismarck blieb eng, auch als dieser seit Mitte der siebziger Jahre seine Mehrheiten gegen die Liberalen schmiedete. In der Gründerzeit trat Miquel als Teilhaber in die Berliner Disconto-Gesellschaft ein, der damals größten deutschen Bank, deren Verwaltungsrat er von 1873 bis 1876 leitete. Da er zur selben Zeit im Reichstag führend an der Ausarbeitung der Rahmengesetzgebung für Aktiengesellschaften beteiligt war, steht Miquel auch für eine problematische Verknüpfung von wirtschaftlichem und politischem Einfluss.

Er wurde zu einem konservativen Bourgeois, behielt jedoch die soziale Frage im Auge. So engagierte er sich etwa als Oberbürgermeister von Frankfurt a.M. (1880 bis 1890) für den Arbeiterwohnungsbau und die Einrichtung von Arbeitsvermittlungsstellen. Außerdem plädierte er zunehmend für staatliche Interventionen in das Spiel der Marktkräfte. Antiliberal und antisozialistisch zugleich trat er für eine paternalistische Sozialpolitik ein, daneben für eine verstärkte Kolonialpolitik und für eine entschlossene Germanisierung des mehrheitlich polnischen Osten Preußens. Dieser sozial-reaktionäre Mix qualifizierte Miquel für höchste Ämter: 1890 wurde er preußischer Finanzminister, 1897 Vizepräsident des preußischen Staatsministeriums – zudem geadelt und mit dem schwarzen Adlerorden ausgezeichnet.

Mit Hegel für Bismarck

Der politische Weg Johannes von Miquels ist ein extremes Beispiel politischer Konversion unter den Achtundvierzigern. Typischer sind diejenigen, die sich – wie etwa Ludwig Bamberger, Arnold Ruge oder Theodor Mommsen – für Bismarck begeisterten, weil dieser nach all den Jahren deutschlandpolitischen Stillstands mit seiner riskanten, militärischen Vorgehensweise greifbare Erfolge erzielte. In ihrer „realpolitischen" Selbstkritik waren sie zu dem Ergebnis gelangt, dass eine Einigung „von unten" in beiden denkbaren Varianten – basisdemokratisch oder parlamentarisch – so wie 1848/49 auch künftig zum Scheitern verurteilt sei. Ihr hegelianisches, staatsfixiertes Geschichtsdenken mit dem Glauben an die „deutschen Sendung" Preußens ließ ihnen die maßgeblich von Bamberger entwickelte Strategie „durch Einheit zur Freiheit" plausibel erscheinen: Nur große (National)Staaten hätten eine Zukunft. Nur in ihnen sei eine freiheitliche Entwicklung möglich.

Außerdem sahen die alternden Protagonisten von 1848/49 im Bündnis mit Bismarck die letzte Chance, die Verwirklichung des Hauptziels ihres politischen Kampfes noch selbst zu *erleben*. Die „Revolution von oben" der Jahre 1866 bis 1871 wurde als Möglichkeit zur Verwirklichung mindestens einiger Ziele von 1848 angesehen. Überzeugt, dass sich das historisch „Notwendige" und politisch „Richtige" ohnehin durchsetzen werde und dass Bismarck ein Werkzeug des historischen Fortschritts sei, stellten sie ihre Liberalisierungs- und Demokratisierungsforderungen, also die freiheitlichen Komponenten der Ideen von 1848, *einstweilen* zurück. Wenn sie mit Bismarck kooperierten, dann glaubten Bamberger, Ruge und viele andere Achtundvierziger, diesen gleichzeitig für ihre eigenen Ziele zu instrumentalisieren. Anders als Miquel gaben sie diese nie auf. Sie distanzierten sich wieder von Bismarck, als dieser ihre Erwartung einer durchgreifenden Liberalisierung und Modernisierung des Reichs enttäuschte: Ruge bereits wenige Monate nach der Gründung des Norddeutschen Bundes, Bamberger und Mommsen, als sie 1880 die Nationalliberale Partei verließen, um sich den Rest ihres Lebens wieder in der radikalen Opposition zu betätigen.[73]

Politische „Gründer"

Es gab unter den Achtundvierzigern auch zahlreiche skurrile Figuren. Ein Beispiel ist Joseph Fickler, der Redakteur der einflussreichen, demokratischen „Seeblätter"

73 Vgl. ausführlicher und mit zahlreichen Belegen Jansen, Einheit (wie Anm. 1), S. 574-585.

aus Konstanz. Er musste in die USA emigrieren, kämpfte dort im Amerikanischen Bürgerkrieg allerdings für die Südstaaten, während die meisten „Forty-Eighters“ sich gegen die Sklaverei engagierten. Ein wieder anderes Beispiel ist August Follen – einer der berühmten „Schwarzen“, also der nationalrevolutionären Burschenschafter, aus deren Reihen auch Rochau kam. Er zog auf Schloss Liebenfels im Thurgau eine Art Landkommune mit wenig erfolgreicher Schweinezucht auf, ließ seine Familie in mittelalterlichen Fantasiekostümen herumlaufen und nahm die völkische Germanentümelei vorweg.

Beide waren allerdings nicht typisch. Insgesamt lässt sich der aus den Revolutionen von 1848/49 hervorgegangen Politikertypus, der über die Reichsgründung hinaus großen Einfluss in Deutschland hatte, am prägnantesten mit Hans Rosenberg charakterisieren. Er nannte sie 1970 in Anlehnung an den zeitgenössischen Unternehmertypus „politische Gründer“.[74] Die zweite Hälfte des 19. Jahrhunderts war eine Zeit der charismatischen oder intellektuell brillanten Einzelgänger, zu denen auch Viele gehörten, die die Ideen von 1848 nie revidierten wie die Anführer des Dresdener Maiaufstands von 1849, Samuel Erdmann Tzschirner, Otto Leonhard Heubner und August Röckel, die unter großen persönlichen Opfern wie Haft und Exil an ihrer Vision eines demokratischen, freiheitlichen und mächtigen Deutschland festhielten und sich nicht an die politischen Verhältnisse anpassten, insbesondere nicht an Bismarcks äußerlich so erfolgreiche Gewaltpolitik. Ihr bekanntester Vertreter ist der berühmte Königsberger Arzt Johann Jacoby, der ebenso wie Tzschirner am Ende seines Lebens der Sozialdemokratie nahestand. Man mag diese Unbeugsamkeit realitätsfremd nennen – in ihrer Konsequenz bleibt sie bemerkenswert.[75]

Die politischen Gründer des 19. Jahrhunderts glaubten (wie Hegel), die historische Entwicklung prognostizieren zu können. Denn sie verfolgten ihre eigen(sinnig)e, aus ihrer vermeintlich richtigen Erkenntnis der historischen Entwicklung abgeleitete politische Linie und fügten sich deshalb immer nur vorübergehend in eine Parteidisziplin ein. Zu den Voraussetzungen für die Entstehung und den Erfolg der für die sechziger Jahre typischen politischen Gründer gehörten sowohl dieses ungebrochene Selbstvertrauen in ihre politischen Prognose- und Führungsfähigkeit als auch das Fehlen organisierter Massenparteien, die den Handlungsspielraum charismatischer Führer eingeschränkt hätten.

---

74 Hans Rosenberg, Honoratiorenpolitiker und „großdeutsche“ Sammlungsbestrebungen im Reichsgründungsjahrzehnt, in: Jahrbuch für die Geschichte Mittel- und Ostdeutschlands 19 (1970), S. 155-233.

75 Christian Jansen: Auf Dresdens Barrikaden: Wie der Armenanwalt Samuel Tzschirner 1849 in der Deutschen Revolution zum Volkstribun wurde, in: DIE ZEIT vom 28. Juni 2012, S. 24; online unter http://www.zeit.de/2012/27/Dresden-Tzschirner; Edmund Silberner, Johann Jacoby. Politiker und Mensch, Bonn 1976.

Abbildung 17:
Die Achtundvierziger werden zur Bewegung –
„Die Demonstration der Berliner Demokraten zum Kreuzberg am 6. August 1848“

In meinem Buch „Gründerzeit und Nationsbildung“ (2012) über die Zeit nach dem Ende Revolutionen bis zur Reichsgründung (1849-1871) habe ich versucht, diese Epoche nicht aus der traditionellen, Bismarck-zentrierten Perspektive darzustellen und zu analysieren. Meine Grundannahme lautet: Ohne die Revolutionen von 1848/49 hätte es keine deutsche Nationalstaatsgründung gegeben, nicht den Norddeutschen Bund von 1867 und nicht das Kaiserreich von 1871. Diese Betonung der Kontinuitäten zwischen Revolution und Reichsgründung bedeutet einen Paradigmawechsel: Bisher wurde zumeist der Verrat derjenigen Achtundvierziger angeprangert, die sich in den Dienst der Reichsgründung stellten; oder die Revolution sollte vollständig gescheitert und die Reichsgründung allein das Werk der preußischen Armee und des genialen Staatsmannes Otto von Bismarck sein. Gewiss hat er der deutschen Nationalstaatsgründung seinen Stempel aufgedrückt und sie mit vielen Hypotheken belastet, aber sie war nicht sein Werk. Denn die deutsche Nationalstaatsgründung wurde von einer in der Gesellschaft, zumindest im Bürgertum verankerten Sozialen Bewegung getragen, auch wenn das Reich wegen der Intervention Bismarcks anders entstanden ist und weniger freiheitlich verfasst war, als es sich die meisten Vorkämpfer der deutschen Einheit gewünscht hatten.

Ich schlage vor, die Zeit zwischen Revolution und Reichsgründung „deutsche Gründerzeit“ zu nennen. Der anschauliche und bereits von den Zeitgenossen verwendete Begriff „Gründerzeit“ wird aus der Wirtschaftsgeschichte übernommen, wo er meist die Jahre 1871 bis 1873 bezeichnet, den durch französische Reparationen ausgelösten Boom bis zum „Gründerkrach“ 1873, und als allgemeiner Epochenbegriff vorgeschlagen. Denn die nachrevolutionäre Epoche war in vielfacher Hinsicht eine Gründerzeit – nicht allein ökonomisch und nicht nur durch die erfolgreiche Nationalstaatsgründung. Auch die wesentlichen inneren Strukturen des Reichs waren Produkte der Revolution und ihres Fortwirkens bzw. ihrer Verarbeitung in den fünfziger und sechziger Jahren. Alle Parteien, die im Kaiserreich eine Rolle spielten, entstanden in der Deutschen Gründerzeit: Nach programmatischen Vorklärungen im Vormärz und aufbauend auf den Organisationen der Revolutionszeit entstanden liberale, demokratische, katholische, konservative und „socialdemokratische“ Parteien: 1859 der Nationalverein und 1861 die Fortschrittspartei, die zunächst Liberale und Demokraten vereinten, bis sich 1867 die bismarckfreundlichere Nationalliberale Partei abspaltete. 1863 und 1869 entstanden die Vorläufer der SPD. Aus den katholischen Fraktionen in diversen Landtagen ging seit Mitte der sechziger Jahre die offiziell 1870 gegründete Zentrumspartei hervor. Wie für die Fortschrittspartei führte auch in der konservativen Partei die Nationalstaatsgründung zur Spaltung: in die antinationalistische Altkonservative und die (wie die Nationalliberalen) mit Bismarck kooperierende Freikonservative Partei. Darüber hinaus entstanden in der deutschen Gründerzeit zahlreiche wichtige Organisationen von nationaler Bedeutung – von wissenschaftlichen Fachverbänden bis zu den Vereinen der Turner, Schützen und Sänger. Die vielen Reichsgründer, zumeist alte Achtundvierziger, waren für das entstehende Deutsche Reich mindestens ebenso wichtig wie „der" Reichsgründer Bismarck![76]

76 Zum Weiterlesen: Christian Jansen, Gründerzeit und Nationsbildung 1849-1871. Paderborn 2011; Wolfram Siemann, Gesellschaft im Aufbruch. Deutschland 1849-1871, 5. Aufl., Frankfurt/M. 2001.

Ausstellung „Am Grundstein der Demokratie. Die Revolution 1848 und der Friedhof der Märzgefallenen

Der Friedhof der Märzgefallenen wurde unmittelbar nach den Barrikadenkämpfen vom 18. und 19. März 1848 im Volkspark Friedrichshain eigens für 255 Opfer der Berliner Märzrevolution errichtet. Seitdem erinnern die Berliner hier mit Demonstrationen und Gedenkfeiern an die Ziele der im Kampf um Demokratie und Freiheit Gefallenen. Ein Denkmal wurde ihnen in der Kaiserzeit verweigert. 1918 erfolgte die Zubettung von 33 Opfern der Kämpfe während der Novemberrevolution.

Abbildung 18: Der Ausstellungscontainer auf dem Friedhof der Märzgefallenen

Der Friedhof der Märzgefallenen ist nicht nur ein wichtiger Ort der Revolutionsereignisse, sondern von Anfang an bewusst als ein Denkmal zur Erinnerung an die gefallenen Barrikadenkämpfer geschaffen worden. Er steht zusammen mit der Frankfurter Paulskirche und der Festung Rastatt symbolisch für die Ideale der Revolutionäre von 1848.

Seit Juni 2011 hat die Ausstellung „Am Grundstein der Demokratie“ geöffnet, die aus zwei Teilen besteht:

Vor dem Friedhof steht ein speziell für diesen Zweck umgebauter 30 Meter langer Seecontainer. Er dient als Ausstellungspavillon und Info-Zentrum. Dort wird die Geschichte der Berliner Märzrevolution von 1848 in ihrem europäischen und nationalen Kontext erzählt.

Auf dem Friedhofsgelände dokumentiert eine rund um den Gedenkstein errichtete Ausstellungsrotunde mit einem Durchmesser von 22 Metern die bewegende Geschichte des Begräbnisortes.

Eine Ausstellung des Paul-Singer-Vereins
in Zusammenarbeit mit dem Bezirksamt Friedrichshain-Kreuzberg von Berlin, Bezirksmuseum und der Stiftung Historische Kirch- und Friedhöfe in Berlin-Brandenburg

Friedhof der Märzgefallenen, Ernst-Zinna-Weg,
Landsberger Allee, 10249 Berlin

Weiterer Informationen:
Telefon: +49.30.21 47 27 23
www.friedhof-der-maerzgefallenen.de

Gefördert von:

STIFTUNG
DEUTSCHE KLASSENLOTTERIE BERLIN

Literaturverzeichnis

Editionen, zeitgenössische Erinnerungen

Boerner, Paul, Erinnerungen eines Revolutionärs. Skizzen aus dem Jahre 1848, 2 Bde. Leipzig 1920.

Flaubert, Gustave, Die Erziehung des Herzens [L'éducation sentimentale. Histoire d'un jeune, 1869], München 1979.

Furrer, Johann U., Schweizer Ländli 1848. Das Tagebuch eines jungen Sternenbergers, hg. von Judith und Peter Gander-Argay, Stäfa 1998.

Goetzinger, Germaine (Hg.), Für die Selbstverwirklichung der Frau: Louise Aston. In Selbstzeugnissen und Dokumenten, Frankfurt 1983.

Häckel, Manfred (Hg.), Freiligraths Briefwechsel mit Marx und Engels, Berlin 1968.

Hansen, Josef (Hg.), Rheinische Briefe und Akten zur Geschichte der politischen Bewegung 1830-1850, 3 Teilbde., Essen/Bonn und Köln/Bonn 1919-1976.

Hummel-Haasis, Gerlinde (Hg.), Schwestern, zerreißt eure Ketten. Zeugnisse zur Geschichte der Frauen in den Revolutionen von 1848/49, München 1982.

Jansen, Christian (Hg.), Nach der Revolution 1848/49: Verfolgung – Realpolitik – Nationsbildung. Politische Briefe deutscher Liberaler und Demokraten aus den Jahren 1849-1861, Düsseldorf 2004.

Kochhann, Heinrich G., Auszüge aus seinen Tagebüchern, 4 Bde., Berlin 1906.

Marx, Karl/Engels, Friedrich, Gesamtausgabe (MEGA 2), Berlin 1975 ff.

Dies., Werke (MEW), Berlin 1956 ff.

Rossi, Stefania (Hg.), Malwida von Meysenbug. Briefe an Johanna und Gottfried Kinkel 1849-1885, Bonn 1982.

Springer, Robert, Berlins Straßen, Kneipen und Clubs im Jahre 1848, Berlin 1850 (ND Leipzig 1985).

Streckfuß, Adolph, 500 Jahre Berliner Geschichte. Vom Fischerdorf zur Weltstadt, 2 Bde., Berlin 1879[2].

Ders., Die Organisation der Volkspartei, Berlin 1849.

Weber, Rolf (Hg.), Revolutionsbriefe 1848/49, Leipzig 1973.

Wolff, Adolf, Berliner Revolutions-Chronik. Darstellung der Berliner Bewegungen im Jahre 1848 nach politischen, socialen und literarischen Beziehungen, 3 Bde., Berlin 1851-1854.

[o.V.] Berlin in der Bewegung von 1848, in: Die Gegenwart, Leipzig 1849, S. 538-597.

Forschungsliteratur nach 1945

Autorenkollektiv, Illustrierte Geschichte der deutschen Revolution 1848/49, Berlin 1973.

Baader, Meike Sophia, „Alle wahren Demokraten tun es". Die Fröbelschen Kindergärten und der Zusammenhang von Erziehung, Revolution und Religion, in: Christian Jansen/Thomas Mergel (Hg.), Die Revolutionen von 1848/49. Erfahrung – Verarbeitung – Deutung. Göttingen 1998, S. 206-224.

Belting, Isabella, Mode und Revolution.Deutschland 1848/49, Hildesheim 1997.

Cooter, Roger (Hg.), Phrenology in Europe and America, London 2001.

Ders., The Cultural Meaning of Popular Science: phrenology and the organization of consent in nineteenth century Britain, Cambridge 1984.

Doll, Natascha, Recht, Politik und „Realpolitik" bei August Ludwig v. Rochau (1810-1873), Frankfurt/M. 2005.

Edwards, John Richard, Frederic Rudolph Mackley de Paula (1882-1954), in: ders. (Hg.), Twentieth Century Accounting Thinkers, London 1994, S. 225-251.

Gailus, Manfred, Straße und Brot. Sozialer Protest in den deutschen Staaten unter besonderer Berücksichtigung Preußens, 1847-1849, Göttingen 1990.

Hachtmann, Rüdiger, Berlin 1848. Eine Politik- und Gesellschaftsgeschichte der Revolution, Bonn 1997.

Ders., Epochenschelle zur Moderne. Einführung in die Geschichte der Revolution von 1848/49, Tübingen 2002.

Ders., Die Revolution von 1848/49 als Jugendrevolte, in: Helmut Bleiber/Wolfgang Küttler (Hg.), Revolution und Reform in Deutschland im 19. und 20. Jahrhundert. Fs. für Walter Schmidt, Bd. 1: Ereignisse und Prozesse, Berlin 2005, S. 77-96.

Ders., „nicht die Volksherrschaft auch noch durch Weiberherrschaft trüben" – der männliche Blick auf die Frauen in der Revolution von 1848, in: WerkstattGeschichte 20/1998, S. 5-30.

Hauch, Gabriella, Frauen-Räume in der Männerrevolution 1848, in: Dieter Dowe/Heinz-Gerhard Haupt/Dieter Langewiesche (Hg.), Europa 1818. Revolution und Reform, Bonn 1998, S. 841-900.

Jansen, Christian, Auf Dresdens Barrikaden: Wie der Armenanwalt Samuel Tzschirner 1849 in der Deutschen Revolution zum Volkstribun wurde, in: DIE ZEIT vom 28. Juni 2012, S. 24.

Ders., Einheit, Macht und Freiheit. Die Paulskirchenlinke und die deutsche Politik in der nachrevolutionären Epoche (1849-1867)", Düsseldorf 20052.

Ders., Gründerzeit und Nationsbildung 1849-1871, Paderborn 2011; Wolfram Siemann, Gesellschaft im Aufbruch. Deutschland 1849-1871, 5. Aufl., Frankfurt/M. 2001.

Ders., Ludwig August v. Rochau, in: Neue Deutsche Biographie, Bd. 21 (2003), S. 685 f.

Kraushaar, Wolfgang, Realpolitik als Ideologie. Von Ludwig August v. Rochau zu Joschka Fischer, in: 1999, 3/1988, H. 3, S. 79-137.

Kurz, Gerfried, Gustav von Struve und die Phrenologie in Deutschland, Mainz 1993.

Lipp, Carola (Hg.), Schimpfende Weiber und patriotische Jungfrauen. Frauen im Vormärz und in der Revolution 1848/49, Moos/Baden-Baden 1986.

Mommsen, Wilhelm, Johannes Miquel, Bd. 1: 1828-1866. Berlin 1928.

Obermann, Karl, Gustav Adolf Schlöffel, in: ders. (Hg.), Männer der Revolution, Bd. 1, Berlin 1987, S. 191-215.

Paletschek, Sylvia, Wer war Lucie Lenz? In: WerkstattGeschichte 20/1998, S. 31-58.

Dies., Lucie Lenz (vermutlich 1826-?). Wandlerin zwischen den Welten: Revolutionärin, Agentin, Abenteurerin, in: Helmut Bleiber/Walter Schmidt/Susanne Schötz (Hg.), Akteure des Umbruchs. Männer und Frauen der Revolution von 1848/49, Bd. 2, Berlin 2007, S. 291-330.

Rosenberg, Hans, Honoratiorenpolitiker und „großdeutsche" Sammlungsbestrebungen im Reichsgründungsjahrzehnt, in: Jahrbuch für die Geschichte Mittel- und Ostdeutschlands 19 (1970), S. 155-233.

Siemann, Wolfram, Gesellschaft im Aufbruch. Deutschland 1849-1871, Frankfurt/M. 20015.

Silberner, Edmund, Johann Jacoby. Politiker und Mensch, Bonn 1976.

van Wyhe, J., The History of Phrenology on the Web [Internet], 2002.

Abbildungsverzeichnis

Abbildung 15: Noch keine Realpolitik – Unbekannt: „Versammlung des Demokratischen Klubs in Berlin" (1848; Lithographie).

Abbildung 16: Schon 1848 nicht überall geliebt – Unbekannt: „Die Misshandlung Charlottenburger Intellektueller um die Gebrüder Bauer am 20. August 1848" (1848; Lithographie).

Abbildung 17: Die Achtundvierziger werden zur Bewegung – Unbekannt: „Die Demonstration der Berliner Demokraten zum Kreuzberg am 6. August 1848" (1848; Lithographie).

Abbildung 18: Der Ausstellungscontainer auf dem Friedhof der Märzgefallenen: Eigenes Foto.

Centaurus Buchtipp

Hans H. Lembke

Bankier, Fälscher, Historiker
Der Weg des Isaac Lewin durch die Geschichte seiner Zeit

Reihe Geschichtswissenschaft, Bd. 60,
2012, 370 S., br., ISBN 978-3-86226-176-5
€ 23,80

Isaac Lewin (1887–1945), Wirtschaftswissenschaftler in St. Petersburg, schreibt kritisch über Lenins ökonomisches Denken und muss ins Exil. Im Russischen Berlin ist er bald ein erfolgreicher Bankier, wird aber 1929, am Beginn der Bankenkrise, als Wechselfälscher entlarvt. Er flüchtet nach Brasilien, ändert dort Namen und Alter, und beginnt seine zweite Hochschulkarriere in Harvard. Bis die Berliner Justiz ihn entdeckt – im Januar 1933.
Der Leser folgt Isaac Lewin – später J. F. Normano – in seinem Lebenslauf, er liest, was der Mensch tut und was mit ihm geschieht. Dies ist spannend und unterhaltsam; streckenweise ist die Erzählung ein Krimi, in anderen Abschnitten eine Fluchtstory. Aber das Buch bietet mehr: es führt den Leser durch die Jahrhunderthälfte, vom revolutionären Russland zur Roosevelt-Ära, von der deutschen Inflation zur Bankenkrise, von der professionellen Falschmünzerei in Grauzonen der Wirtschaft zum Verfälschen politischer Dokumente in Geheimdienstmilieus. So erscheinen die biographischen Bilder vor ihrem historischen Hintergrund – und fügen sich in die Zeitgeschichte ein.
Das Buch ist für all diejenigen geschrieben, die gerne auf Wanderung durch die Geschichte gehen, mit Sprüngen zwischen den Kontinenten und zu den Brennpunkten des Weltgeschehens. Wer zudem Wirtschaftshistorie mag, ob als Geschichte von Ländern, Unternehmen oder auch Lehrmeinungen, der wird an der Lektüre ein besonderes Interesse finden.

www.centaurus-verlag.de

Centaurus Buchtipps

Karlheinz Lipp
Berliner Friedenspfarrer und der Erste Weltkrieg
Reihe Geschichtswissenschaften, Bd. 61, 2013, 245 S.,
ISBN 978-3-86226-197-0, **€ 24,80**

Erich Fromm
Aggression
Warum ist der Mensch destruktiv?
Centaurus Paper Apps, Bd. 23, 2012, 54 S.,
ISBN 978-3-86226-175-8, **€ 5,80**

Peter Schulz-Hageleit
Geschichtsbewusstsein und Psychoanalyse
Geschichte und Psychologie, Bd. 15, 2012, 320 S.,
ISBN 978-3-86226-119-2, **€ 24,80**

Kathrin Sander
Organismus als Zellenstaat
Rudolf Virchows Körper-Staat-Metapher zwischen Medizin und Politik
Neuere Medizin- und Wissenschaftsgeschichte, Bd. 28, 2012, 166 S.,
ISBN 978-3-86226-098-0, **€ 23,80**

Julianne Spitta, Hanns-Fred Rathenow
Trauma und Erinnerung
Oral History nach Auschwitz
Reihe Geschichtswissenschaften, Bd. 55, 2010, 130 S.,
ISBN978-3-8255-0730-5, **€ 18,00**

Hanns-Fred Rathenow (Hrsg.)
Essays nach Auschwitz
Ein Seminar 40 Jahre nach Adornos Radiovortrag
Norbert H. Weber zum 65. Geburtstag
Reihe Geschichtswissenschaften, Bd. 52, 2007, 132 S.,
ISBN978-3-8255-0688-9, **€ 18,50**

Karlheinz Lipp
Friedensinitiativen in der Geschichte
Aufsätze – Unterrichtsmaterialien – Service
Geschichte und Psychologie, Bd. 11, 2002, 218 S.,
ISBN 978-3-8255-0391-7., **€ 18,90**

Karlhans Lipp
Religiöser Sozialismus und Pazifismus
Reihe Geschichtswissenschaften, Bd. 35, 1994, 320 S.,
ISBN 978-3-8255-5909-7, **€ 24,80**

Informationen und weitere Titel unter **www.centaurus-verlag.de**

Zeitfracht Medien GmbH
Ferdinand-Jühlke-Straße 7
99095 Erfurt, Deutschland
produktsicherheit@kolibri360.de